这个世界会好吗？

续编

梁漱溟晚年口述

1984……1986

梁漱溟 口述 ［美］艾恺 采访

生活·讀書·新知 三联书店

图书在版编目（CIP）数据

这个世界会好吗？：续编：梁漱溟晚年口述：1984—1986 / 梁漱溟口述；（美）艾恺采访. —北京：生活 · 读书 · 新知三联书店，2024.6
ISBN 978-7-108-07832-2

Ⅰ. ①这… Ⅱ. ①梁… ②艾… Ⅲ. ①梁漱溟（1893-1988）－访问记 Ⅳ. ① K825.4

中国国家版本馆 CIP 数据核字 (2024) 第 076204 号

特邀编辑　付　帅
责任编辑　李　佳
装帧设计　赵　欣
责任校对　曹秋月
责任印制　李思佳
出版发行　生活 · 讀書 · 新知 三联书店
　　　　　（北京市东城区美术馆东街 22 号 100010）
网　　址　www.sdxjpc.com
经　　销　新华书店
印　　刷　北京隆昌伟业印刷有限公司
版　　次　2024 年 6 月北京第 1 版
　　　　　2024 年 6 月北京第 1 次印刷
开　　本　720 毫米 × 965 毫米　1/16　印张 14.75
字　　数　164 千字　图 14 幅
印　　数　0,001－8,000 册
定　　价　49.00 元
（印装查询：01064002715；邮购查询：01084010542）

目 录

范长江的夫人叫沈谱，是沈钧儒的女儿。他们夫妇两个找到我，先找到萨空了，知道我隐藏的地方，跟我说现在有机会逃出香港，你要不要走，我说当然走了。他说有一种木制的小船，有个帆，小帆船，要黑夜间开往澳门。我们要离开香港，躲开日本人的时候，我们就采取这个办法。

讲话的内容随便，想到什么就讲什么，也不长，不多，学生多半都有记录，不一定都是当下边听边记录，因为大家都是站着的，会后回去他们自己记录。……天天讲一次，积累起来也很多，后来印出来的《朝话》是经过加工的，是我的一个朋友，他把同学记的东西拿来看，哪个不要，哪个要，进行选择。

序　言

艾　恺

本集是在我和梁漱溟首次访谈之后所作的第二次访问的内容。第一次的内容以《这个世界会好吗？》为题出版，这第二次的内容并非“通常的”口述历史出版品。且让我以我所在的国家——美国为例，来稍作解释。大体来说，口述历史有两种形式：“大众式”和“学术式”。在各形态间另有一个区别一般群众及历史名人口述历史的界线。第一个形态（包括两种形式中的“一般群众”方法）——“大众式”口述历史——强调自某一时间和某一地点着手来掌握普通民众日常生活的脉络。

斯塔兹·特克尔（Studs Terkel）的专书具体表现了这种大众式的口述历史研究方式。他本人是芝加哥的一位政治活跃人士，也是一位记者。凭着1966年口述历史的专著 *Division Street:America*，他在美国及世界的历史中留名（Division Street是芝加哥市内一条主要街道名）。该书狂销数百万册，同时也是特克尔出版的一系列口述历史专著中的第一本。1970年，特克尔出版了 *Hard Times*，该书与前书属同一类型，内容是描述经济大萧条时期的芝加哥。该书同样造成轰动。在这两部著作和他的其他著作中，特克尔赋予许多在“历史”中没有声音的一般民众以“声音”；同时，他也很清楚地给他自己“声音”——尽管这些专著是根据由录音带所录制的对谈而写成，特克尔本人的政治和社会观点却透过一些技巧而清楚地呈现，包括他所问的问题、为了提示重点而引导谈话的方式以及最后的编辑过程等。

相比之下，我和梁先生的访谈内容以近乎原生态的方式，呈现在读者眼前。因此，内容有些许重复。在前一集中，我的问题被梁先生的答案所引导，他在第一组访谈中有意提供他自己对儒家和道家思想的观点；在第二组访谈中，我试着引导他朝他和重要的历史人物间的交往来作发挥。除了刺激他的记忆以及保存他能记住的任何东西以外，我无其他的想法。

特克尔的著作是对20世纪50年代历史学界兴起的一种趋势的反省。该趋势的研究重点是由贵族（国王及将军）向普通民众以及“自下而上的历史”转移。相比之下，“传统”的口述历史研究就像哥伦比亚大学在1948年所设立的口述历史研究办公室所做的工作。它是世界上最古老且组织最庞大的历史计划，主要包含了政治人物、影星以及其他名人自传式回忆录的录音。

当我在1980年首次访问梁漱溟时，他还不是太出名。在我的传记出版前，在西方、中国甚至全世界，少有学者认真看待梁漱溟。甚至到了20世纪80年代，当我开始频繁访问中国大陆时，大部分人还只是因为毛主席的有关著作中记载了毛主席对梁漱溟的批评才听过梁漱溟的名字。在中国大陆以外的其他地方，当梁漱溟的名字出现在任何历史著作中，他总被归类为“保守派”，无一例外。他也因此被贬为已被“扫入历史的垃圾堆中”，而和现今无任何关联。

第二个，也是最为重要的不同在于，对于重要人物所作的口述历史研究——如哥伦比亚大学的计划——受访者本人非常清楚他们的自传叙述是为了“历史”所录制。他们是在制造待收藏（被编辑之后）的文件，这些文件可能成为历史记录的主要史料来源。以哥伦比亚大学的口述计划为例，受访人的某些准备性和具警示性的回答反映出他知道他正在为“历史”留下记录。这些访谈资料具有一定的准备性、计划性的特质。它们不但得经过仔细编辑，甚至给人留下准备出书前的书稿形式的印象。

和胡适在哥伦比亚大学的访谈内容相较，我和梁漱溟间的访谈显得较自然，这是很清楚的。胡适在哥伦比亚大学的计划中占有相对大的分量。在我和梁漱溟的访谈中，我无意将内容以口述历史的形式出版。1980 年和 1984 年两次访谈，我的动机主要有两重。首先，我希望为我所著的梁漱溟传记的修改工作增添他在生活方面的资料；其次，虽然梁先生当时健康情形颇佳，神志清明，但毕竟年事已高，故我想尽可能保存他在漫长且曲折的人生中的珍贵经验。

但我无意将其入档收藏，这是一般如哥伦比亚大学口述历史研究采行的模式。这些 1984 年的访谈资料历经二十余年仍未经誊写，尚保存于录音带中。我在 1986 年出版的梁漱溟传记第二版推出以后，全然忘记手上保有这些录音带，直到最近，出版社请我将其整理出版。当我好不容易将这些录音带找出来后，我发现其中有很多标签已脱落，不易辨明录制日期。我一一仔细听过，以确定它们的录制顺序。

从某一角度来讲，这些访谈代表着立传人和传主间一次偶然性的相会。说是偶然，实因背后许多因素在某一时间点上交会，促成了此一会面。第一项因素便是邓小平的改革开放政策让中国与世界接轨，这让我有机会接触梁先生。第二项因素便是传记的出版及成功。当我和梁先生晤面时，该传记已赢得亚洲史主要奖励。由于该书的成功，梁先生亦有耳闻，并很快地间接联络我，告诉我欢迎我往访。第三项因素则是梁先生个人的身体和心理健康情况较佳。甚至在1984年，当时他已逾九十高龄，我仍觉得他和1980年的健康情形相距不大。

我于1980年访问梁漱溟之后，一直和他保持联系。我心里一直认为首次的访谈资料即为珍贵的历史文件。当我愈往这方面思考，愈觉得梁先生是一位独特的历史人物，他的生命贯穿了20世纪前80年中国的每一个重要历史事件。他是中国近现代史上独特且惊人的见证者！读者若从梁漱溟似乎总是身处重要历史事件之中这一角度思考，便知我以上所言不虚。例如，梁先生清楚地记得1900年义和团进入北京时的情形。事实上，当年义和团入京时曾立即给梁漱溟的个人生活带来了重大的影响。他当时正在一所西式学校就学，该学校由他家庭的朋友彭诒孙先生经营，彭先生也是梁漱溟与我的访谈内容里提到的第一个历史人物。由于学校有西式课程（如英语和科学），义和团焚毁了学校，梁漱溟因此无法继续就读。为了不让梁漱溟有机会自修，他的家人甚至将他的课本全数烧毁。就在此事发生五年以后，梁漱溟以一个学生的身份，参加了中国近代史上首次民族主义式的学生运动——抵制美国货。又五年，梁氏加入同盟会，成为地下革命分子，工作内容包括从事一些“子弹和炸弹行动”。一年后，他担任记者，并在南京见证了中华民国的成立。又过了两年，他和反对袁世凯的势力接触，直至他全心全意修习唯识宗佛学为止，他也因此成为20世纪初佛教复兴的重要人物。众所周知，梁漱溟在五四运动的中心北京大学教书，而且扮演了重要角色。他也因此认识了蔡元培、陈独秀、胡适、李大钊、章士钊、毛泽东、熊十力、梁启超以及其他当时中国重要的知识分子。

20 世纪 20 年代，梁氏也和各式政治、军事人物有所接触，如李济深、冯玉祥、阎锡山和韩复榘等人。他甚至与许多爱好中国文化的欧洲人士结为好友，包括了卫西琴（Alfred Westharp）、卫礼贤（Richard Wilhelm）等。30 年代，梁漱溟持续对政治和社会事务倾注关心，他结交了几乎所有的改革运动的提倡者，如黄炎培和晏阳初等人。他也认识了许多国民政府的官员。他去了延安并且与毛泽东对谈。他参与创立了一个既非国民党、亦非共产党的政治组织，即日后的中国民主同盟。他于此过程中创办了《光明报》。梁漱溟在第二次世界大战后紧接而来的国共和谈中扮演了重要角色。这一串他认识的重要历史人物以及他所亲身参与的事件可以一直写下去，但是我感觉这已足够证明梁先生是第一手历史知识以及关键且独特史料的来源，我因此决定于 1984 年继续访问他。

作为（在当时）梁漱溟唯一的传记作者，我很幸运能将访谈内容以口述历史的方式呈现。我感觉有某种急迫的原因使我从这方面着手。当时梁老已逾九十高龄，身体状况就如同所谓“风中之烛”般，因此，我尽可能快地回去见梁老，以便展开第二次访谈的录音工作。如同首次，访谈地点在梁先生住处，我每天早上前往，每次时间几小时，共进行一个多星期，访谈过程中我深感梁先生的记忆极为清楚。

我在这次访谈中问的问题完全集中于梁漱溟漫长且曲折的一生中所认识并交往的人物。在 1984 年作的这些访谈中，梁老轻松回忆起许多不为人所熟知的人名。梁老立身处世正直诚信，早为世人所称，我想他断不至于故意闪避问题甚至捏造回答。这些访谈录音有个小问题，当中有部分内容与 1980 年笔录《这个世界会好吗？》重复。再说，由于我向梁老请教许多历史人物，而他总是不厌其烦地向我解释一些早已为人所熟知的历史背景——他大概以为我是外国人，故有必要作解说。然而，现在回想起来，我也觉得这些历史背景解释确实有必要，因为它们反映并支持梁先生个人的历史观点。

由此，我不禁想起口述历史的另一项好处，它能尽量补充生活中各层面因未留下足够文字记录所产生的盲点或缺憾。这份访谈笔录，如同已出版的首份笔录（《这个世界会好吗？》），完全以录音为准，段落文章亦未经润色。当然，这也表示我有限的中文能力恐将难逃读者的眼睛（想来甚是惭愧）。

本次访谈的地点与首次访谈一样，在梁先生住处的小房间内进行，地址是木樨地22号宅。必须特别注明的是，这些录音的访谈均是在1984年9月录制。但其中有一例外（即本书所收录最后一节），这一例外是在1986年，那是我和梁先生之间一次随意闲聊的部分录音。至于我那时为何在北京，说来话长，我也颇愿意在此与读者分享：原来美中学术交流委员会作为美国国家科学院的组成部分建立于1972年，旨在推动中美两国间的学术交流事宜。1979年，中美两国正式建交以来，双方开始互派访问学者。然而毛思迪事件后，那些研究领域为中国乡村社会的美国专家在中国失去了研究基地。他们开始向美中学术交流委员会施加压力，申请这样的研究基地。当时，麦克·奥克森伯格（Michael Oxenberg）担任美中学术交流委员会的主席，他直接写信给邓小平提出了这个请求，请求被转到了中国社会科学院，但是最终只有山东省社科院* 院长刘蔚华给了肯定的答复。1986年春，奥克森伯格代表美中学术交流委员会委派我去邹平进行考察，并写出一份调查报告。他告诉我美

---

* 1980年12月改称“山东社会科学院”。

中学术交流委员会正考虑在邹平设立一个研究基地。邹平考察之后，我在北京拜访了梁先生，向他讲述了我在邹平的所见所闻。正是在这样的背景之下，我将我们的部分谈话内容录了下来。后来，我给梁老先生写了封信，信中描述了对美国学者“开放”的邹平以及这一发展的重要性。梁老一直以来对邹平的民生非常关注，他将我的信登在了《光明日报》上。

1985 年后，梁先生和我仍有许多面谈的机会，但我并未将内容录下来。这些谈话都是较为轻松的闲谈，而不是正式的访谈。例如 1985 年我和内子一起拜访梁先生，他非常热情地招待我们，我们如同老朋友般天南地北地聊天。我现在仍然可以一字不漏地记得当时谈话的部分内容，但我并未将这些内容收入本集之中，因为这部作品是我们访谈内容的直接录音文本。我目前正在重新撰写梁漱溟的传记，我计划利用和他所有的谈话记录——无论录音与否——作为修改所依据的资料。

整体而言，我提供这些与梁先生的录音访谈作为珍贵的“原版”历史文件。我也有意将其译成英文并附加一些评论。我在此谢谢出版社以及吴浩先生的努力，使这些文件有机会呈现在读者面前。

艾愷先生吾兄：頃承寄來我昔年著
作各印件多册，均收到，十分感謝。例如調查
李聞案的報告我手中已無存矣，承示
兄最近着手河南南陽地方史之研究，此工作
甚有意義。我鎮平彭禹廷是我好友，亦即
孟憲光的老師，內鄉別廷芳我亦見過面，
他們彼此聯防保衛地方，有毀有譽、

梁漱溟致艾恺　1981年6月1日

“演戏也是一种有教育意义的事儿”

艾：……湖南人，写他的传记。

梁：已经写好了。

艾：彭诒孙先生？

梁：彭诒孙先生算是我的亲戚长辈，他是我哥哥的岳父。

艾：是的，我知道这个关系的。那他的传记呢？

梁：我没有写。因为有一本书，那还是早印出来的，书名就是“彭翼仲”三个字，里头都是他一生的经过。

艾：哦，那我都不晓得。是什么时候出来的？

梁：那很早了，几十年前。

艾：我记得1980年您跟我讨论老舍的时候，您是说因为您是研究彭诒孙的事情，所以您就去老舍的家了。老舍自己不晓得，不过他也跟您介绍一些京戏界的……

梁：老舍说他年纪小，没有赶上见到彭老先生，关于彭先生的事儿他说不太好，说不太清楚。他介绍给我两个人，他说这两个人呢你去访问访问，他们可能知道得多，因为这两个人年纪老。可这两个人呢，都是北京的，唱戏的，唱京戏的，呵呵。

艾：彭先生本来对戏是很感兴趣，对吧？

梁：北京人嘛，都爱听京戏。他是想改良这个京戏。他把唱京戏的人请来开了一个茶话会，跟他们谈论。谈论的就是说不要把唱戏的事情、唱戏的人、唱角儿啊，看得轻贱；唱戏的人呢，还要自尊自重。他就给他们讲一些个故事，说明演戏也是一种有教育意义的事儿，于社会有好处的事儿。他做过这么样的事情。后来我听了老舍的话，我就去访问了戏剧界的老人，向他们打听，他们便说给我听。

艾：那个时候您不是研究彭先生的传记吗？

梁：我没有写他的传记。

艾：没有写。您本来是有这个意思、有这个计划吗？

梁：我没有写他的传记。没有写的原因呢，就是有刚才那么一本书，书名叫《彭翼仲》。这个书我现在手里没有，我把我有的一本送给全国政协了。因为政协要收集文史资料，我就送给他们了。一方面送给他们；另一方面我也写了一篇文章，介绍彭先生。

艾：哦，所以那篇文章还没有出版吗？

梁：出版了。好几年以前了。

艾：因为这都是内部发行了，我们好像没有机会看的。

梁：题目就是《清末一个维新运动的急先锋》[1]，很急呀，很快。我写了这样一篇文章，这篇文章他们给发表了。

艾：令尊也对改良戏剧很感兴趣。

---

① 《梁漱溟全集》中收入此文，题目是《记彭翼仲先生——清末爱国维新运动一个极有力的人物》。

梁：对，也做这个事儿。他写了好几本戏呢，我先父啊，写了至少有四种。

艾：那他主要就是把戏当作一种改良社会的……

梁：教育，一种教育。比如，有一个戏名儿叫《好逑金鉴》，因为中国古书《诗经》上有“窈窕淑女，君子好逑”，是讲男女恋爱的，他把这个写一个故事，就叫《好逑金鉴》。就是告诉关于男女的婚姻恋爱有一种正确的道路，讲了好些剧本，刚才不是说有四种吗？

艾：好像有一种是爱国方面的。

梁：那戏名儿就叫《女子爱国》。因为中国古书上讲到鲁国，春秋战国的时候不是有鲁国嘛，鲁国有一个漆室女，漆就是上漆，室就是屋子的意思。说这个鲁漆室女啊，常常叹气，好像有一点儿发愁的样子。人家问她，说你怎么了，是不是家里不和睦啊，或者是什么事儿啊。她说不是，她说我发愁的是我们鲁国小，周围都是大国，受欺负。有这么一个故事，这个故事我父亲写了一个剧本，就叫《女子爱国》。

艾：它主要的意思就是爱国主义的一种宣传。

梁：对。他还有两本很主要的戏，一个叫《暗室青天》，暗是黑暗，室就是屋子里头——黑暗的屋子里头也跟青天一样。暗室青天，暗室也不是坏事，跟在青天白日之下一样，这个戏名儿就叫《暗室青天》。还有一本叫《庚娘传》，庚娘大概是中国古旧的小说里头，叫《聊斋》，那里头讲到一个妇女叫庚娘。我父亲根据那个故事写了一个剧本，剧本就叫作《庚娘传》。

艾：《庚娘传》是本来《聊斋》里有这么一个故事。不过，他的目的也是对社会有一个良好的影响，所以他是不是把原来的故事稍微改了，还是怎么样呢？

梁：我记得他曾经跟朋友，跟我们这些儿孙说，说这个庚娘临死说的话就是我要说的话。他是借着庚娘的故事，借着庚娘的口，把自己的话说出来。

艾：这些戏他编成剧本后，也是上台演了？

梁：演了。这《庚娘传》也都演过。

艾：您当时年纪很小，不过您还有没有印象？

梁：我那时也不太小。

艾：不太小。不到十岁吧？

梁：不止，十几岁。《庚娘传》也演出过，《暗室青天》也演出过，《好逑金鉴》也演出过，《女子爱国》——这几个戏都演出过。

艾：那您都去听的？

梁：都去听。有一个唱戏的，姓崔，叫崔松林，他就演那个戏来着。

艾：我的印象是令尊编的这些都是有点儿试验性的样子，是吧？

梁：对。

艾：那，那位崔先生也是对这种比较新的戏感兴趣的，是吧？

梁：他人比较好，年轻啊，我父亲认为他孺子可教，呵呵，就跟他来往，教他读书，把自己写的剧本交给他，说你是不是可以去演哪？他就去演过。他叫崔松林。

艾：他也算是令尊的一位朋友。

梁：对。

我做司法总长机要秘书的时候

艾：您当时对京戏也很感兴趣吧？呵呵，我知道，您说北京人都喜欢。

梁：我那时候啊，我这个人哪，——北京话叫作“别扭”。我父亲、我母亲、我哥哥，他们都爱听戏。我就说你们爱听戏，我偏不听戏，呵呵。那年说这话的时候也都有20岁。后来到24岁那年，从前叫民国六年（1917），民国六年北京的政局有个新局面。怎么说有个新局面呢？就是袁世凯想做皇帝没做成，之所以没做成是西南反对他。西南——在云南不是有一位将军叫蔡锷，有唐继尧，有广西的陆荣廷，他们都反对袁世凯做皇帝。袁世凯的部下有一个人，这个人是谁呢？就是段祺瑞。袁世凯想做皇帝，他就把原来国家的制度改了。国家的制度原来在总统之下有国务院，国务院有国务总理。袁世凯想做皇帝，他就把它改了，不要国务院，在总统府内设一个政事堂，就是总揽大权在总统，不愿意另外要什么国务院、国务总理。段祺瑞反对这个事儿，但是那时候在袁世凯政府里头，他也不是国务总理，他是陆军总长，实际上军事大权由他掌着。所以旁人捧袁世凯做皇帝，他却公开地反对。

公开反对反对不了，大伙儿还是都捧袁世凯做皇帝，他就辞职——我不做官了——他不做陆军总长了，他退隐了，北京有西山，退隐到西山上，闲住起来。他自己称病，辞职啊，辞那个陆军总长，就说我有病。袁世凯也无可奈何，他一定要辞职，要不干，也无可奈何。这样对他们北洋军人倒留下了一个生机，就是袁世凯死了，袁世凯是总统，副总统是黎元洪。按照宪法，应当由副总统接任总统，该是黎元洪出来了。黎元洪就把段祺瑞找来了，让段祺瑞做国务总理，就把原来袁世凯的政事堂那套东西废除了。黎元洪当总统，段祺瑞是国务总理，恢复了国务院。这时候南方反袁的觉得他们这样做合法，合乎原来的民国宪法，就承认他们，组织南北统一内阁，组织一个政府，这个政府一方面有北方的，另一方面也有西南反袁的，就叫南北统一内阁。这个时候按旧的说法叫民国六年（1917），南方就推出人来参加北京的南北统一内阁，参加的人是云南的，西南方面的，是云南的张耀曾，他刚好是我母亲的一个弟弟，不是亲弟弟，一家的弟弟，我管他叫镕舅，他的号叫张镕西。他就出来担任南北统一内阁的司法总长。他平素就喜欢我，叫我给他当秘书。

艾：他人那个时候已经在北京了吗？

梁：他从云南来呀。

艾：从云南来的，他本来不是在北京的。

梁：在袁世凯还没有称帝的时候，他在北京大学做法学教授。他是留日的，在日本学法学的，反袁的时候就到云南去了。他本来是云南人。

艾：他不但是在北京长大的，也是在您家……

梁：是我们家的亲戚啊，我母亲的堂弟。

艾：他在北京教书的时候，在去云南以前，您和他常常有来往吗？

梁：当然。

艾：您当时对佛教是最感兴趣的，那张先生呢？

梁：那他倒没有。因为我跟他的亲戚关系，北京说法叫外甥。他岁数大过我，大得也不太多，大九岁。那年他做司法总长，我 24，他 33，也很年轻。

艾：很年轻啊，做部长，当然年轻的。

梁：他就让我给他当秘书。为什么要我给他当秘书呢？因为他是代表西南反袁的势力来的，他常常要跟西南方面的主要人物通密电。他让我掌握密电码本儿。去电哪，来电哪，去信哪，来信哪，我都管这事儿。

艾：所以他请您是他信任您的意思，这种工作绝对不要别人知道的，您是他的亲戚，也不一定是跟您的学问有关系，主要是您和他的关系非常密切。那么沈钧儒先生也是做他的……

梁：就是这个时候。我是四个秘书中的一个。

艾：哦，一共有四个秘书。

梁：他是司法总长啊，有四个秘书。沈老师一个，我是一个，还有一位姓习，另一位姓杨。姓习的、姓杨的都是云南人，沈老是浙江人。四个秘书分担不同的任务，云南人姓习的、姓杨的管公事，他们管来往公文，来的公文他们看，他们加意见，发出去的公文也归他们管。我专管机密的，呵呵，写点儿私人的来往信件。我把信写好，给镕舅看，末了他签个名，翻有密码的电报给他看。这年我 24 岁，沈老 42 岁，大我 18 岁。

这个时候的政局跟过去有一个很大的变化，这个必须要点明。过去主要是一左一右两党，左边就是以孙中山先生、黄兴、宋教仁为主的国民党，是从中国同盟会改组的，是偏左一边的。偏右一边的叫进步党，进步党的实际领袖是梁启超、汤化龙，还有林长民等其他人。本来是这么一左一右两大党。前一段是袁世凯做总统的时候，后一段是他死了，大家反对他，他做不成皇帝就气死了。现在一切都恢复，按照宪法啊，原来的宪法都恢复，副总统黎元洪接任大总统，把段祺瑞找出来恢复国务院，请段做国务总理，这是民国六年。

张耀曾代表西南方面的反袁势力参加了南北统一内阁。也就是刚才说过的，四个秘书——我主要的给他掌管一部分的事情。沈老呢，是对外的事儿。所以对外——刚才不是提过了，一个国民党，一个进步党。大家都不讲这个，制定宪法的任务给耽误了，大家一定要抛除了党见，要制宪第一，把宪法搞住，因为是制宪第一。议员合起来有八百多人，也不能散，不能完全没有组织，各自组合起来，有的叫宪法研究会，有的叫宪法讨论会，有的叫宪法商榷会，都是研究宪法的。有名的是宪法研究会，主持人是梁启超、汤化龙、林长民，以梁为首。后来口头上、报纸上常说谁谁是“研究系”，就是说他是宪法研究会那一派的人。

可是两院议员有八百多，有些没有收纳到这里面去，有的就叫“丙辰俱乐部”。为什么叫丙辰俱乐部呢？因为这一年是丙辰年。我们广东有个留学德国的，叫马君武，是丙辰俱乐部的头脑。还有一个有名的议员叫褚辅成，他们是“宜友社”。除此以外，分别还有一些大大小小的组织，这个时候，张耀曾跟他的云南同乡李根源，还有一位国民党老资格的叫钮永建、谷钟秀，他们这些人组成了一个团体叫“政学会”。我们四个秘书中的沈钧儒代表张耀曾忙着招呼政学会的事儿，沈老人身体不高，头很大，留胡子。

艾：您和他那时候也算是同事了。也算是朋友吗？

梁：对。他岁数比我大得多啊，我24，他都42了。

艾：是，对，对。我的意思是每天都在一块儿啊，应该都很熟了。

梁：都很熟了，各负责任。

艾：以后您和沈先生也有来往吗？就是抗战那个时候……

梁：一直有来往。

艾：一直有来往，哦，是这样的。以后的来往都是哪一方面的？是私人的这种？

梁：算是世交了。因为沈老有好几个儿子，有一个女儿，他给儿子、女儿起名字，都是中文的言字旁，老大就叫沈谦，呵呵，很谦恭。有的叫沈诚，很诚实，也是言字旁。有的叫沈详，很详细，呵呵，言字旁一个“羊”字。沈老的女儿就叫沈谱，言字旁一个“普”。都同我很熟。

艾：他住在北京的时候您也在北京，所以就常常碰见。以后您搬到……

梁：以后我们各自忙各自的事情，他主要奔走的事儿是组织了一个“救国会”。所谓救国会是什么意思呢？就是反对蒋介石打内战、不抗日，救国会就是说不要打内战，抗日还是第一，要跟共产党和其他的党派合作，救国会提倡的是这么一个主张。这个主张不合蒋的意思，蒋是老想打共产党。他们反对打内战，蒋就把沈钧儒、章乃器、沙千里，还有现在的史良，叫“七君子”嘛，把这七个人都下到苏州监狱里头。可是全国都同情他们救国会的主张，都主张抗日，特别是那位孙先生的夫人宋庆龄，她就反对蒋，她亲自到苏州监狱去看他们。后来蒋介石不是到西安被扣吗？张学良、杨虎城把他扣起来。扣起来没别的意思，就是你不要打共产党，要抗日。这样他们才扭转了这个方向，就是不打内战，国共合作。

这样蒋介石就从西安飞回南京，便开始两党合作抗日了。可惜张学良年轻、心眼儿实在，蒋介石从西安坐飞机回南京，张学良心眼儿实在，就跟着他一起上了飞机，呵呵。他不知道蒋介石心眼儿小，张学良并不对他个人有什么恩怨，不过是为了国家嘛。张学良上了飞机跟他到了南京，蒋介石就把他扣了，开军事法庭审他。呵呵，说他作为一个军人，不应当反对长官，那么就定了罪名了。蒋介石又做面子，特赦，罪名不算，特赦。特赦是一面儿，可是他把张学良就看起来了，一直看着，一直到最后在大陆待不住，退到台湾，他还是把张学良带走了。

艾：您当时在山东？

梁：我那个时候先是在广东。在广东的时候我36岁，因为我的一个好朋友是在广东掌握军政大权，这个人就叫李济深。他在广东，并且还兼管了广西，那个时候有中央政治会议两广分会，两广就是广东、广西。一方面他是广东省政府的主席，又是两广政治分会的主席；另一方面也是国民革命军总部的总参谋长。蒋出师北伐了，他留守后方，军政大权都在他手里，而李当初在北京的时候和我是很好的朋友。

此五十年前葉石蓀（麐）游學歐洲時與我通信之一件。最近檢出三件，以其二寄北碚西南師範學院付還之。一九二一年東西文化及其哲學在北京初出一版，書頁前為我與石蓀、朱謙之、黃慶四人同拍一照片，可見當時相交之雅。石蓀與我同年生，生日晚於我，於今俱是八十四老人矣。惜久未得相見談學。

一九七六年九月十日

梁漱溟印

附識：一九六六年文化大革命運動中，我所有的書籍信札手稿等件拳被紅衛兵小將抄走無存。迨至一九七〇年乃經全國政協會為我尋得付還一部分信札手稿等件、至於書籍則沒有了。

梁漱溟晚年批注叶石荪游学欧洲期间来信　1976 年

任教北大的前前后后

艾：说到这一点，您在北大教书，李济深是在军学司是吗？

梁：陆军部的军学司。

艾：您 1980 年的时候跟我讲，他是去拜访您了，去看您，不过您当时没有说明他为什么去找您。

梁：我不知我有没有讲过，有一位广东人……

艾：哦，伍观淇。

梁：对，伍观淇。

艾：是的，是他介绍的。

梁：伍先生爱跟朋友讲《大学》。《大学》《中庸》《论语》《孟子》，“四书”嘛。《大学》头一句不是“大学之道，在明明德”，伍先生总是爱跟朋友谈《大学》。谈《大学》这个书的时候，大概一周，每个礼拜固定的有两次，地点是在一个朋友家，在北京的西什库夹道。有两位姓冯的，一位姓冯的，叫冯竹贤，还有一位叫冯祝万，他们俩可不是一家，都是广东人。在西什库夹道冯竹贤家里头，每个礼拜总有两次三次，多半都是广东人或广西人，多半都是他们陆军大学的同学。伍观淇是陆大毕业的，李济深跟他是同班同学。伍先生讲《大学》，多的时候有十二三个人，少的时候也超过十个人，大概十一个人，两三位朋友缺席的时候也有。可是李济深必到，他爱听伍先生讲《大学》。我也参加过听伍先生讲《大学》，就这样跟李济深认识了，算是在伍先生领导的学友团体里认识的。

艾：哦，明白了，李济深先生也对哲学是很有兴趣的。

梁：你听我说，这是到了民国八年（1919），北京政府穷得厉害，各部衙门乃至北京八校，八个学校，包含北京大学，我那时候在北京大学，工资发不出来。那不发也不成啊，吃什么呀，就发三成，你的工资是 100 元，给你 30 块钱，那 70 块钱就记账，将来再补给你，实际上也不知道哪天能补。北京大学如此，陆军部也如此，李济深是在军学司啊，他还有家呀，他住在东四牌楼前南胡同，没钱，很窘。

这时候刚好在广东的军界里头有一个很有名的人，叫邓铿。这个邓铿当时是粤军的第一师师长，粤就是广东。粤军的最高领导人是陈炯明，陈炯明名义上算是孙先生的党徒，可是他不大听孙先生的话，他另存有阴谋。可是邓铿是属于陈炯明之下的，邓铿忠于孙先生，因此陈炯明不喜欢他，对他也没有办法，就把邓铿暗杀了，刺杀了邓铿。可是他的第一师军队还在，就换师长，他前后换了有两三个人。

这个时候正好在北京的李济深（李任潮）[①] 很穷——我补说一句话，邓铿没死的时候，就打电报叫伍先生回广东，希望伍先生回

① 梁漱溟先生经常先后提到一个人的名和字，为避免读者误会是两个人，其人对应的字或名置于括号内。——编者注

来帮着他。伍先生根本不想再做军人，不想再过军队的生活。李济深回去了，他在北京不是很穷嘛，他回去了。他先在第一师做副官长，然后做参谋长，后来就做师长了。他始终是忠于孙先生，他没有听陈炯明的。他手里有兵权，孙先生就派他做西江督办，驻扎在广西梧州，梧州的水路与广东相通，方便，实际上受广东的影响，而李济深就是梧州人，所以他回去做西江督办，既掌军权，又掌地方的政权，也包含了地方的财权，这样子李任潮有自己的地盘了，所以他后来起来了，最后掌握了广东的军政大权。

艾：您和李先生是不是特别谈得来呢？是不是很快就相好了？这个学友会有十几个人，你们是不是很快就做了好朋友呢？李先生是不是对哲学特别……

梁：谈不上。伍庸伯（伍观淇，字庸伯——整理者）先生就是谈儒学，谈《大学》《中庸》啊，所以关于儒学方面嘛，他应该算是儒学的路子。

艾：他有没有旁听过您在北大的讲课？

梁：没有。

艾：他就是在伍先生的家里面和您认识的……

梁：在冯先生的家里头，叫冯竹贤，地点叫西什库夹道。因为听伍先生讲书碰见，谈起来我们都是广西人，因此他也到我家里来往过，在北京交情不深，可是他很记得我。同时还有两个朋友，其中一个朋友叫陈铭枢，陈铭枢算李任潮的部下，李任潮后来是第四军的军长。第四军之下有四个师长，陈铭枢是四个师长之一。陈铭枢在民国十二年（1923）到北京来看我，他是在日本学陆军的。在日本有一位中国人，江西人，桂伯华先生，他是佛学里面的密宗，在日本东京常常给大家讲。陈铭枢跟着桂先生听讲过，桂先生后来故在日本了，临终的时候就对陈铭枢说："你要是回国，听讲佛学最好听我的朋友欧阳大师——欧阳竟无。"所以后来陈铭枢回国就在南京，在佛学方面就算是欧阳老先生的学生。我因为佩服欧阳先生的佛学，也经常到南京请教，这样就跟陈铭枢碰着了，就认识了。

艾：哦，所以您是常去南京看欧阳竟无。头一次去是……

梁：大概是民国九年（1920）。

艾：您头一次跟欧阳大师见面就是民国九年那次吗？

梁：如果早一点就是民国八年，不是民国八年就是民国九年。这个时候他在南京办的一个学院叫"支那内学院"。

艾：支那内学院，是的。所以从民国八年或者民国九年以后，您就一直维持和欧阳的联络了。

梁：对，跟内学院、跟欧阳先生维持联络的关系。

艾：也有通信，有时候您也去南京。

梁：并且我还介绍一个朋友熊十力先生到那儿求学。

艾：1980年那次您说欧阳大师很少离开南京，只有一次他去了云南，所以我想您一定要去南京才看见他。

梁：后来抗日战争起来，中国的东南被日本人占住了，这个学院就迁到四川了。

艾：1980年那次您说您在四川北碚办中学，您说在山上太虚大师也有个学院。

梁：叫汉藏教理院。

艾：对，您有时也去山上看一看。您说他挂了一个……

梁：那个相片是太虚跟蒋介石站一块儿。

艾：抗战以前您有没有跟太虚……

梁：很早就认识了。

艾：哦，很早就认识了。是怎么认识的？是在北大教书时，还是更早？

梁：对，在北大教书时。他不是简单地讲佛学，他在看严复（严几道）先生介绍的英国人这方面的书，比如有一部书题名就叫"名学"，实际上就是逻辑，logic。不过严先生喜欢用古名词，就叫"穆勒名学"，穆勒是英国人，Mill（John Stuart Mill——整理者）。严先生翻译的还有其他的，比如有斯宾塞的，严先生翻译成《群学肄言》，群学现在叫社会学，"人群"的"群"。还有一部叫《社会通诠》，作者也是英国人，英文名字我说不上来，他翻译的是叫"甄克斯"。

艾：英文是 Jacks，差不多。

梁：总之，严先生翻了好几部。还有一部翻出来叫《原富》，"原"是"原来"的"原"，"财富"的"富"。

艾：哦，这是斯密的。

梁：斯密的《原富》，还有孟德斯鸠的书，严先生翻译成《法意》，"法律"的"法"。严先生翻了好几本。

艾：是的，这都是非常重要的，对中国的思想也蛮有影响。还有 Huxley 的（Thomas Henry Huxley, 中文译为赫胥黎——整理者），本来是达尔文的思想，是英国人 Huxley 介绍的，不是他本人的思想，中文的名字我不知道是怎么翻的，反正也是有蛮多影响的。

您说严复先生翻译的东西，您年轻的时候……

梁：都看，常看。

艾：您说太虚大师和您怎么……

梁：他来家里访我，他不是单谈佛学，他谈哲学，他把严先生翻的西洋的书都看过了，他就跟我谈这个。

艾：他去拜访您、去请教的时候，是不是在您的那篇文章《究元决疑论》发表了以后？

梁：对，在那以后。

艾：刚刚发表，也许他一看他就去拜访了，所以你们就这样认识的。他去拜访您，你们就讨论哲学。

梁：太虚先生的活动力很大，比如在武汉搞一个佛学院，在福建又搞一个佛学院，走哪儿他都搞起来。所以在北碚搞了一个汉藏教理院。他有几个算是他的徒弟，他就介绍他们到西藏去。有一个后来很有名的叫法尊法师，就是太虚介绍的。他入藏，在西藏十年，把藏文学得很好，藏文有一些佛书没翻出来，法尊法师就翻出来了。法尊法师人很好。

艾：所以您也认识他。

梁：认识。他是河北省人，就说我们这普通话，可惜故去了。

艾：他是从西藏回来以后就认识的？

梁：对。

艾：太虚大师非常活跃，政治方面也很活跃，像拉拉关系什么的。我的问题就是：他的学问、思想怎么样？另外，为人怎么样？

梁：人还是好，虽然是活动力很强，各方面他都好像很活跃，可是没有出范围。

艾：您跟他讨论哲学的时候，您觉得他很聪明吗？

梁：他很通达，很通达。他喜欢把外国的哲学跟佛学合起来讨论。

艾：合起来或者作比较。所以您的那篇文章一出来，您最早的那篇，他一定很……

梁：《究元决疑论》，后来就是《印度哲学概论》《东西文化及其哲学》。

艾：我的意思是您的那篇文章也是作这种比较，把西方方面的思想和东方方面的思想作个比较，佛学方面的西方方面的思想和东方方面的思想作个比较，太虚也是喜欢那一类的，这么说您和他算是谈得来的人了，作这种比较，你们两位都喜欢。那么他的学生法尊，您刚刚介绍的……

梁：也熟悉，在北京认识的，从西藏回来之后认识。

艾：在北京认识的，在抗战以前？不是在北大那个时候？

梁：恐怕是在山东的时候。认识还是在北京，就在北海公园，里头有一个类似一个佛学会的组织，说不清楚了。

艾：您说的是一个宗教的团体。

梁：对。地点就设在北海，那时候法尊也常去。

艾：所以您也在那边碰见他。您本来对西藏……

梁：不清楚，对于藏文和梵文，梵文他们是叫 Sanskrit，对藏文和梵文熟悉的是欧阳先生的大徒弟吕先生（吕澂，字秋逸——整理者），他行，他藏文也通，梵文也通。

艾：是啊，我记得您说原来您想请他到北大教书的，欧阳先生不放。

梁：欧阳先生不放。

艾：1980 年您说头一次蔡先生知道您，他看了《究元决疑论》，您说他是在经过上海的时候看的。

梁：他在欧洲，主要是在德国，大概英、德、法他都去过，可是他多半是在德国。

艾：那您怎么说他是在经过上海的时候看的？

梁：民国六年（1917），南北统一内阁的教育总长是范源濂，他原来是民国元年（1912）蔡先生做教育总长时的副部长，民国六年他是教育总长。他就特别要求蔡先生回国担任北大校长。请蔡先生回来，蔡先生到了北京，住在官菜园上街。这时候我本人在司法部，和沈先生在一块儿，我就拿着《究元决疑论》的论文去见蔡先生。

艾：哦，您知道他到了北京。

梁：去见他，意思就是请他指教。他说他过上海时在《东方杂志》上已经看见了，他说很好，他说他这次担任北京大学校长主要是要把哲学系办好，他请我来帮忙。我说，哎呀，我不行呀——我从年纪轻的时候十几岁就想出家，好佛学，可是他让我讲印度哲学，我说这个印度哲学一般的讲法不论在英国、在日本都是讲六派哲学，可是六派哲学里头不包含佛学。英国人讲印度哲学也是讲六派哲学，传到日本，日本有井上圆了、井上哲次郎、木村泰贤，他们几位都是讲印度哲学的，也不讲佛学，就是讲这六派哲学。六派哲学里头特别有名的有两大派：一派叫胜论派，胜败的胜，胜论派的著作叫《十句义论》，这个书中文有翻译，在中文的佛经《大藏经》里有这种。还有一派叫数论派，数学的数，数论派的经典著作叫《金七十论》，这个书中文也有翻译，在中文的《大藏经》里也有这个书，虽然在佛家看这都是外道。因为是外道嘛，我们都不熟悉，可是现在不论是英国人讲印度哲学、讲六派，还是日本人讲印度哲学、讲六派，都不包含佛学，刚才说的胜论派和数论派，这两个六派里的大派，他们倒讲。我说我不熟悉，所以讲印度哲学我讲不了，我只是喜欢佛学。

所以我对蔡先生说，你让我担任这门功课，我不行，我不胜任。他说你不胜任，那谁胜任呢？我说我也说不上来。他说你不要来到大学就是当老师、教人，不要这么看，他说我本人就是喜好哲学的，我来到北大要把哲学系干好，我要把一帮爱好哲学的朋友拉在一块儿，彼此讲习，你要是愿意参加这个讲习就不可不来，他这么一说我就不推辞了，那我说我决定愿意来，他就给我下了聘书。这个时候这个哲学系属于大学里头的文科，又叫文学院，文学院院长是陈独秀。

艾：对不起我插一下，那次您跟蔡先生见面，他这么说您就只好答应了，不过您不是还在司法部吗？

梁：是的，很忙，接受了聘请书可是我不能到任。

艾：我为什么这么问呢，1980 年的时候您说您就请了一位朋友去代替。

梁：他姓许，他的名字叫许丹。

艾：是哪个丹？

梁：丹，在中文里丹当红讲，是浙江人。蔡先生做民国元年第一任教育总长的时候，他就在蔡先生的教育部里头，做史学。我在司法部很忙，我说我可不可以让许先生来代课，蔡先生说很好啊，他说那也是我的朋友，我的熟人啊。就这样我接了聘书，没有到北大，由许先生代我讲“印度哲学概论”，《印度哲学概论》就是我在许先生写的底稿上，后来我又参加的，才出了这样一本书。

艾：哦。原来是许先生先写的底稿，打的底子。

梁：是的。可惜许先生现在不在了。

艾：那您是怎么认识许先生的呢？

梁：也是一个偶然的机会。北京图书馆有图书分馆，图书分馆在北京南城的前青厂，我常常到前青厂去看书，借书来看，我那时候还喜欢看中医的书，看书的时候跟许先生常碰着，就这样认识的。

艾：哦，正好你们都研究佛学。

梁：蔡先生要我到北大，我说我太忙，现在我请许先生替代我，他说好，也是我的熟朋友，所以民国六年我收了北大的聘书，可是没有到北大，就由许先生代课。民国七年（1918），许先生身体不好，有病。

艾：所以他不能教书。

梁：有病，所以我就接过来，民国七年接过来。

艾：那时张耀曾先生已经下台了。

梁：已经下台了。

艾：您还记得那些密电码电报通信的都是些什么人吗？您还记得吗？

梁：都是跟云南、广西、贵州这些西南方面的人来往的密电。

艾：为什么一定是机密的东西啊？我就不太了解了。

梁：袁世凯是北洋系的，北洋军阀。推倒袁世凯的是西南，西南跟袁是合不来的、对抗的，后来能够合作就是靠了段祺瑞，段祺瑞反对的是袁世凯做皇帝。袁世凯临死想做皇帝，做了83天，一看不行，大家都反对，他就气死了，临终的时候把段祺瑞从北京西山上找下来，说你还是我们北洋的老朋友、老人，现在一切事情都只能靠你了。所以段就出山了。

艾：这我都明白了。可不可以给我一个例子，这些电报都是些什么样的东西呢？

梁：跟西南方面的来往的电报，主要是广西的陆荣廷。广西的势力因为反对袁世凯也发展到了广东，广东掌权的本来叫龙济光，他是忠于袁的，不行了，广东就被广西给吞并了。陆荣廷部下的两个军人，一个叫陈炳坤，另一个叫莫荣新，就掌握了广东的军政权，实际上陆荣廷是最高领袖，他这个人在广西是属于少数民族，不是汉族，他那个县是广西挨近越南的一个地方，武鸣县。可是在清朝他就做广西提督，带兵，身材高大，红脸。后来倒袁之后，他还代表西南到过北京。我都看过这个人，身材高大。

艾：那个时候您已经……

梁：我在司法部。

艾：电报的内容是不是不要北洋派的人知道？

梁：对。

艾：这是不是要跟他们周旋啊？

梁：主要是西南方面的，蔡锷、唐继尧，还有贵州的刘显世，刚才提到的陆荣廷，他们算是西南的。主要是他们有什么对北京的意见、要求，想了解北京的情况，就跟我有函电往来。

艾：这些密码是张耀曾先生自己交给您的，别人都不晓得？

梁：是的。

艾：别人都不晓得，别的秘书也不晓得，只有他和您，还有西南方面的人和秘书知道？

梁：对。

艾：那么我已经打扰了很久了，很不好意思，不过我一听觉得太高兴了，这算是非常宝贵的资料。我就希望什么时候还可以再和您谈一谈，您说什么时候方便的时候我就再来。

梁：都行，都行。如果午前来呢，就 8 点半来，如果午后来呢，就 2 点半来。

艾：好的，比如我明天早上 8 点半来的话，好吗？

梁：可以，可以。

艾：好，那我就明天 8 点半再来麻烦您了，好，谢谢您了！

1919 年，与北大同事在中山公园合影。左起：雷国能、李大钊、梁漱溟、张申府

与张申府为友的七十余年

梁：这是我一位朋友的女儿，这位朋友也是个名人。

艾：那这位女士也是研究历史的吗？

梁：就是我朋友的女儿，我跟她父亲相好，对她不大熟。

艾：是的，就是我那次写介绍信的，是不是啊，不是。我就是看这里啊，上次来拜访过您的……

梁：是的，她的中文名字是舒衡哲（Vera Schwarcz——整理者），这个里头就是她的信，舒衡哲信，信是她写的，是位女士。你看她的中文写得挺好，我就以为她父亲是中国人，她的样子还是外国人的样子，高个儿，像个美国人。后来细问她，她的父亲也不是中国人，她父母都不是中国人，可是她中文说得这么好，她来就是找张申府。刚才那个女的，就是张申府的女儿。张申府的名字叫张崧年，是我的同学好友，舒衡哲是位美国女士，她要写张申府的传略。

艾：是的，这位我也认识，她头一次来拜访您，我替她写了一封介绍信，她拜访您主要也是问张申府的事情的，她是在研究他。不过我也不晓得她中文那么好。张申府也是您的中学同学？

梁：对，是我14岁的时候。现在我都91岁了，那时候不是很小嘛，14岁的时候在一块儿念书，同学，一直彼此很友好，他到欧美留学过，英国、德国，他都去过。

艾：他原来在研究罗素？

梁：对，他是研究罗素的。

艾：原来有个集刊，叫《罗素集刊》的，也是张先生发起的，是20年代吧，好像民国十年（1921）左右就开始了。……既然已经谈到了张申府先生，您要不要继续谈谈您和他的……

梁：可以说一说。我刚才提了，14岁的时候，很早了。他和我同年，他14岁的时候我也14岁，他现在91岁，我也91岁。身体不如我，不能出门，不能走路，腿软。

艾：他不是生什么病了吧？就是因为年纪大了，什么都衰弱了？

梁：对。

艾：您算是很特别的，您身体这么好。

梁：比他好一些吧。

艾：那么您是上了顺天中学才认识他的？

梁：对，小时候同学嘛。

艾：同班同学？

梁：不是同班。论班次，他在我之后，同一个学校。

艾：那就是那个时候上了中学之后就做了朋友。那中学时代张先生和您都对哲学有兴趣的吧？

梁：对，那时候还不知道什么叫哲学，哲学这个名词还没有听说过。我就爱谈宇宙人生，人家告诉我你谈的这个是哲学，我就说这个叫哲学呀，呵呵。

艾：呵呵，您和张先生常常讨论哲学的问题吗？

梁：学问上他比我强，因为他外文强。

艾：中学时代当然……

梁：后来。后来外文好像英、法、德他都能看，他在欧洲留学。我没有出去过，他留过外国。

艾：我记得您在顺天中学那个时候，有一圈儿人，几个朋友常常在一起。《我的自学小史》那本书也是提到的。不过张先生的名字那本书没有提到。

梁：那时候我们四个人，连我，是我同班的四个人，他跟我不同班，论班次还在我之后。

艾：您到北京大学去教书的时候，张先生已经到欧洲、美国留学了？

梁：还没有，那个时候他是在北京大学预科，预科是预备的，他在预科做学生，他喜欢数学。所以他后来跟罗素来往，罗素也是好数学。我在北大是一个想不到的事儿，我那时才只有二十四岁，年纪很轻。我就是写了那篇《究元决疑论》，那篇《究元决疑论》谈到了哲学，把古今中外的哲学，我都胡乱谈了一些。那篇文章被蔡校长蔡元培看到了，他就拉我到北大。

艾：您那篇文章里提到很多欧洲的哲学家，包括柏格森、叔本华这些人……

梁：对，主要是柏格森、叔本华。

艾：是不是张崧年先生给您介绍的，还是您自己？我的印象好像是他……

梁：有关系。因为日本有一个书店，一个出版社，叫“丸善”。丸善出版社出了很多小册子，每一个小册子介绍一个名人，一个小册子介绍柏格森，一个小册子介绍罗素，一个介绍康德、叔本华什么的，都是英文的，日本出版。

艾：哦，都是英文的，不是日文的。

梁：我的朋友张申府就介绍，他说你看着小册子也能知道一个大概了。我说好啊，就听他的话，跟丸善书店买小本儿。那时候丸善书店很会做买卖，你只要看它出版的目录，你写明白我要哪种哪种，写信给它，不用兑钱，它给你寄来之后，你再付钱，它很会做生意。这样我就慢慢地对欧美的，包含 James（William James——整理者）、杜威，对他们我就知道了一些。

艾：第一次您跟欧美哲学家的接触就是这样的？

梁：呵呵，知道这么一点儿。

艾：我想起来好像《东方杂志》的出版社，也差不多是民国十几年的时候，也有同样的一套书，也是小册子的，每个小册子也是介绍一位思想家的，有柏格森、罗素，很像，不过是用中文写的。

梁：我用外文写不了东西，曾经在中学时代念了五年半的英文。

艾：他比您念得多，所以他的英文程度比您的……

梁：你说张申府啊，他是因为他自己在国内学得也好，特别是他去了欧洲。

艾：是。我是说他去欧洲以前，他的英文阅读能力跟您的差不多，那些丸善书店的小册子不是都用英文写的？您那时候英文是……

梁：我那时候英文就不如他。我就算是在中学读了五年多，好好地常用、常接触外文，不忘也还好，可是用不着，老不接触一个东西，慢慢就忘了。可是张申府他后来就进了北京大学预科，预科是预备进大学的，在预科他继续搞外文，他嗜好这个。在北京大学的图书馆，主任是李大钊，收到了外国出版社的图书目录，李大钊就是交给张申府看，张申府就在那上面挑，这本要买，那本要买，图书馆照着他开的单儿买。

艾：所以当时是李大钊先生把张申府先生当作一种……

梁：帮手，对。

艾：毛主席当时是他的帮手吧？

梁：毛主席那时候还没有走运。那时候北京大学有新文化运动，又叫新思潮，五四运动之前，主要是陈独秀、胡适，还有旁的人。在这个运动起来之后，毛主席还在湖南，他的学校叫长沙第一师范（应为湖南第一师范。——编者注）。第一师范是他的母校。他在第一师范毕业了，就留在本校做附属小学的主事。他做附属小学主任的时候，就感受到了北京大学的新思潮运动，他很有兴趣，他就注意。他就辞掉了附小主任，到北京求学。他的一个老师，后来是他的岳父，叫杨怀中先生，杨昌济。那个老先生在北大跟我是同事，他也是教哲学的，他本人年纪比我大，大很多，我那会儿二十几岁，他已经四十几岁。杨老先生本来就是中国老学问家，他就喜欢宋儒、明儒。宋儒有二程、朱子，明朝有王阳明，杨老先生就喜欢那个，他先在日本求学，后来就出去在英国求学。他在英国求学也是注意这种学问，就是讲伦理道德的这种学问，合乎他的要求，合乎他的口味。

到蔡元培担任北大校长的时候，就请他回国去讲西洋伦理学，讲西洋伦理学史，跟我都是在文科哲学系，彼此就相熟。可是这位老先生，不太受学生欢迎。因为人是好人，不是那么聪明伶俐，说话还是不改他的湖南口音，并且湖南话他也呜噜呜噜说得不清楚，学生也听不大懂，所以就不大受学生欢迎。杨怀中先生教了一年就死了，死的时候还是毛泽东等募捐买棺材给他装殓。大概这时还不算杨老先生的女婿，杨老先生的女儿叫杨开慧，后来跟毛泽东结婚了。

艾：我为什么问呢，您刚才说张申府先生是给李大钊做过助理，那毛主席有一阵子……

梁：对，我就是要说这个。他打长沙来北京，就是因为受了新思潮影响来的，来的时候杨老先生就已经在北京教书了，他住在北京的地安门，地安门有个胡同，叫豆腐池胡同，他就住杨老先生家。杨老先生说你来呢，意思很好啊，求学啊，我给你介绍一下，在大学图书馆做个小职员，就是图书阅览室，多半是有些中外的刊物，摆在那儿，学生可以随意地去看，得有人管理，摆出来，末了还得收好。管理员一个月八块钱，那时候待遇很低，毛泽东就是这个管理员，在图书馆李大钊的手下，开头的时候就是这样。

艾：我以为张申府先生也是在图书馆工作，同时工作。

梁：对，那时候毛泽东还算是在他的手下，呵呵。

艾：他们那时候就认识了？

梁：认识了，可是张对毛没有怎么注意。可是毛的本事大，毛做旁听生的时候，就熟识了很多人，他影响很多人。那个时候有一个组织，主要是学生，李大钊不是学生，可也参加了这个组织，这个组织名称叫“少年中国学会”，毛泽东是少年中国学会的。参加这个学会的并不单是北大的人，那时候有北大，有南高，南高就是南京高等师范。北大、南高的先生们、学生们，优秀的都参加这个少年中国学会。这个学会每年开一次年会，多半是在暑假的时候，北方来的、南方来的开一次年会。讨论学术的时候，就涉及思想问题，也涉及国际问题。讨论的时候就分裂，少年中国学会里头大家意见不合，就分裂了，一派偏右的，就组成了“中国青年党”，有曾琦、左舜生、李璜，还有余家菊，他们是偏右的，成为国家主义派，后来就成立了中国青年党。恽代英就是偏左的，这个少年中国学会就分裂了，分裂成两派，这两派后来都影响中国的前途。

艾：说回到张先生，张申府先生呢，可是您到了北大那个时候，他在那边预科，还没有……

梁：预科，他还算是学生。可是我，呵呵，就算是教书了。它这是个冷门，印度哲学啊，他们没有找着人教。其实我也不大懂印度哲学，我也就算是喜欢佛学。那么我就在那儿讲印度哲学。可是那时候他仍在自修着。

艾：那，那个时候，你们两位还是继续讨论哲学问题，还是说……

梁：毕竟还是小时候同学嘛，还是相熟的。

艾：还是常常跟他见面啊……

梁：也不常见面。

艾：那么，他以后呢？就到……

梁：欧洲去了。

艾：回来以后呢，您还是跟他有……

梁：有来往，对。也有一位有名的女士，叫刘清扬，这个刘清扬女士很了不起呀。

艾：那您是怎么认识她呢？

梁：我跟她不熟，跟刘不熟。我的意思就是说，刘清扬是回族，天津人，离北京很近的，这位女士有才干、有胆量，她也去欧洲留学。那个时候去欧洲留学主要是得坐轮船，在轮船上就跟张申府认识了，认识了就相好了，后来俩人就结合了。

艾：所以他们回国的时候是已经结婚了，还是……

梁：就在轮船上认识了并结合了，到了欧洲就同居了。

艾：就在张先生回来的时候，您已经不在北京大学了？

梁：对啦，不在北京大学了。

艾：那他人多半都是在北京吧？

梁：他刚从欧洲回来，到北京还没有工作的时候，我就在山东搞乡村建设，我也是先办一个高中，高级中学。他曾经表示，他想到我那儿工作，可没有来得及，我请他去呀，他也就在北京有了事情了，他有外国留学的资格啊，这样子就在大学里当副教授、教授，就成教授了。

艾：您有时还是会到北京来了，还是会跟他见面？

梁：对。他做教授的时候，北京也有学生运动，他们叫“闹风潮”，他就算是学生闹风潮的一个领袖。他本来已经算是个副教授了，学生当然拥戴他。这时候管理北京的是一个军人叫宋哲元。宋哲元就把他们都给抓起来了，搁在陆军监狱，很严重，腿上都有铐了。不止张申府一个人了，还有刘清扬什么的，都搁在陆军监狱。张申府就托人写信通知我，我在山东，让我给他想办法。我跟他是老同学了，我就从山东来北京了，这时候宋哲元在北京做绥靖主任，我就拿着张申府的信，找宋哲元。

艾：那您已经认识他呢，还是……

梁：跟宋哲元？算认识，主要的是他认识我。为什么说主要的是他认识我呢？因为他是冯玉祥的部下，冯玉祥自己带兵，自己担任一个师长，一个师有两个旅，另外还有三个混成旅，一共有五个旅长，主要的就是都归冯玉祥管了，五个旅长里就有一个叫宋哲元。民国十一年（1922）有朋友介绍冯玉祥，经过介绍请我到他的陆军检阅使署，地点在北京的南苑，去讲演、讲学。他不是五个旅嘛，讲五次，一次给这个旅讲，一次给那个旅讲，不是给士兵讲，是给官佐讲，一个旅官佐的人数也不多，一二百人。冯玉祥陪着我，我讲的时候他也在旁边听。这个时候冯玉祥是信基督教的。人家称他为“基督将军”，他这个人这点好，他本来不信基督教，但是后来在湖南常德驻军的时候，他碰见过教士，就听教士谈道理，他觉得好，打那儿就信基督教。他心眼儿实在，他不光自己信，还在军队里办起了基督教青年会，请一个人叫余心清，做他的部队里的青年会的总干事。不是刚才说到他在南苑做陆军检阅使，他请我去讲演？就是在这个青年会的大讲堂讲。

艾：现在我明白了。那个时候就认识宋哲元了，他认识您了？

梁：对，他是五个旅长之一嘛。

艾：那么，就是因为这个原因您去找他？

梁：后来因为张申府被关起来了，是他关的，我找他了，找宋了。他好像是叫华北的绥靖主任这么一个名称，绥靖公署设在北京，可是他自己住家在天津。他有时候就回家了，休息了，电话随时可以跟北京通。我到北京就是为张申府的事情，我想保申府出来，就到北京找他，到他绥靖公署找他，绥靖公署参谋长就告诉我说，宋本人不在京，常住天津，你要找就去天津找他吧。那我就到天津去了，在天津见到他。我说我们见过面，你还记得吧？他说怎么不记得，你给我们讲演来着。这样我说我的同学张申府被你关起来了，我想保他出来，我拿着一封信，是张申府写的信，一张纸是写给我的，还有好几张是写给宋的，他意思是让我拿着这个信去见宋。

宋这个人很特别，他就看信，先看申府给我的信，又看写给宋的信。写给宋的信很恭维宋，称赞宋爱国。宋很特别，看着信他就微笑："他要是骂我不爱国，骂我对学生运动不应当这么样严厉，这是真话；他恭维我，说我怎么好，这话不真，不真的话我不爱听。本来你来保他，让他出来，现在不能让他出来。"我说你不肯让他出来我也没有办法了，你是不是让我到监狱里去看看他呢？他说那行啊。我说我还想看看对他的待遇怎么样，住得怎么样，吃得怎么样。他说我都注意了，他们大学教授，这是高级知识分子，就是我明天要杀他，不杀之前我还得（给他）好的待遇，我第一就嘱咐陆军监狱里头，你们给他住的地方不要有臭虫，呵呵，这个咬人。他说我都注意了，你要去看，我派人领着你去看，我就到陆军监狱里看了一下张申府。后来还是大概关了有七十天，放了。

艾：您去看他的时候，还是没有办法让他出来。

梁：他不肯啊，宋哲元不肯。

艾：您和他怎么说啊，就说宋哲元就不让他出来？

梁：我就告诉他，我是找了宋哲元，在天津跟他见的面，跟他怎么说的，把你的信给他看了，他怎么样表示，他的态度很坚定，我也没办法。后来好歹大概在监狱里有七十天还是出来了。

艾：出来的原因是不是……

梁：现在说不太清。总是到了那么一个机会就都给放出来了。

艾：您为老同学跑了很多路，费舌什么的；沈钧儒先生也是在上海被关起来的七个君子之一，他关起来的时候是不是跟您联络的，就是请您……

梁：那时候我帮不上忙，沈钧儒他们叫“七君子”，他们那个组织叫“救国会”，救国会的意思就是不赞成蒋介石打内战，而要蒋介石抗日，所以叫救国会。他们七个人，“七君子”现在北京还有个史良，“七君子”的末一个，是个女同志，现在民盟的主席。沈老年纪大了，“七君子”里他是头一名，人最好了，跟我曾经是一块儿做司法部的秘书，我不是说过那年我二十四岁，他四十二岁，比我大很多，我们很相好。关他就是因为他主张抗日、救国，可是蒋介石不是老是想“剿共”？蒋介石的口号是“攘外必先安内”，我要攘外先要“安内”，就是先打共产党，先打共产党的意思是很坚定的，可是在西安就碰上张学良、杨虎城，呵呵，就强迫他不要“剿共”，要抗日，那他没办法了，结果还是抗日了，抗日的时候才把沈钧儒他们七个人放出来。

艾：昨天您也提到您去找老舍问一问彭诒孙先生的事情，老舍给您介绍一位唱戏的姓郝的。

梁：郝寿臣，他是唱戏的，唱花脸的。

艾：是，唱花脸的。1980 年我来的时候您是跟我讲了，您开始的时候讲了一个故事，说郝先生跟您说，当年在北京有个八大胡同，妓女院都集中在那儿，可是正好录音带完了，我没有注意，所以最后的那个部分我不晓得了，那个故事您还记得吗？您可以继续说吗？

梁：八大胡同都是高级妓女。妓女里头分为三等。有一个人称为张傻子的一个人，他就开班子养妓女，对于妓女他很虐待，彭翼仲先生办报纸，就在报上发表文章讲他怎么坏，讲他怎么样虐待妓女。报纸上这么一登，社会上都同情了。那时候北京警察厅有督察长，一个督察长大概是姓杨的，就奉命到八大胡同把这个张傻子，虐待妓女的这个人，给抓来了，就审问他，说你不应该这样子。那么彭先生又提议，设一个机关，叫“济良所”，凡是妓女受虐待，不愿意在妓院里头，可以逃出来，逃出来你就到济良所里，济良所管你的生活，你在济良所做工，做女工，维持济良所的生活。逃出来投奔了济良所的人，八大胡同班子里的人就不能追回来了。他这个济良所把逃出来的妓女的相片、姓名都排列出来，凡是跟某一个妓女或者从前相好的，或者从前不一定相好，现在愿意娶她的，可以见面，这个济良所逃出来的妓女愿意嫁他的，就可以结合，这是济良所。这就是彭先生做的好事。

艾：他出的这个主意是很好的，原来是这么一个事。

润之先生恩来先生同鉴：时局发展至此，
公等责任至重，事事妥慎处理，勿稍以轻心，是则
远方朋友如漱者所叩祷。兹今写此信，一则陈
明今日 公等在政治上所为号召（如新政协等），漱
不来参加，乞予原谅；再则陈明今后数年内，漱对
国事将守定只发言不行动，只是个人不在组织
之原则，乞予鉴察指教。此中有一点当特提及

梁漱溟致毛泽东、周恩来　1949 年

“延安欢迎我去”：跟毛主席正式见面

艾：您刚提到毛主席在北京大学图书馆那边做一个小职员。

梁：对。

艾：他也是旁听课吗？他有没有旁听？

梁：他旁听。

艾：旁听过您的课吗？

梁：那时候大学里有注册科，你是旁听生，你到注册科去注册，是旁听生，给他一个旁听的证，大学里头文科、法科，你愿意到哪一个教室去旁听，就能够去旁听，但也要交费，旁听生交几块钱，那时候毛泽东就算是注册的旁听生。

艾：所以他有没有旁听过您讲的课？

梁：那我不大记得，那大概只要是旁听生，爱听谁的课都可以听，并且他活动力很大，他一到北大，很多学生就跟他好，活动能力大。

艾：我知道您头一次见面就是经过您的亲戚，湖南的那位亲戚，在他的家认识毛主席，是吧？

梁：不是这样。

艾：是杨昌济的……

梁：是杨昌济的老师。我是抗战起来之后，北方嘛就是卢沟桥打起来的，南方是上海“八一三”打起来的，在卢沟桥事件之后的六个月，卢沟桥是“七七”，转过年来是一月份，我就去延安了，这个去延安还是取得蒋介石的同意去的。这个时候他同意把共产党的红军改组为八路军，八路军也算是国家的军队了，在武汉——武昌、汉口有办事处，办事处的负责人就是董必武，董老。……去延安访问，请董老替我打电报给延安，把我想去的意思，替我转达这个意思。希望延安方面同意，欢迎我去，我再去啊。董必武就跟延安取得了联系，说延安欢迎我去。我就从武汉坐飞机到陕西的西安，西安也有他们八路军办事处。这个八路军办事处负责的就是林老，他叫林什么……

艾：这个我晓得，不过我也想不起来了。您本来也不认识他吧？

梁：以前不认识。林老住在西安城外，地名叫七贤庄。对，叫林伯渠，名字叫林祖涵，号叫林伯渠。取得林老的同意，他也跟延安啊，他是代表延安驻西安，常常要联系的。特别联系的是什么事情呢，就是延安那个地方穷苦得很，乡下地方什么都没有，连笔墨纸张都不够用。穿的衣服啊，布匹啊，日用品都缺乏，都得在西安、武汉买了之后，用没有篷的大卡车，运往延安。我跟林伯渠林老接头呢，他就欢迎我，让我去。他说你就坐在大卡车司机旁边那么去好了。没有路，净是山坡，高高矮矮，很费事，没有修好路，那么我就到了延安。那是算是跟毛正式见面。

艾：所以您到了延安那一次才算是和毛正式见面，二十年前在北大的那一次是不算啊？不过您还是和他见过面，讲过话的？我为什么问，有人说您到了延安的时候，就是因为您在北大已经见过面了，所以他称呼您“老师”。因为当年您是北大的教授，而他算是北大的学生。不知道……

梁：他是这么说的。看见我啊，拉拉手，满面笑容，他开头一句话问我，您是老前辈啦？我摇摇头，我说我还不算老前辈，我们彼此两个人大概是同年辈的。果然这么详细一问，是同年，都是1893年生人。不过，我的生日跟他的生日比较，他比我晚三个月，小不多，小一点，还是同一年生的，这是开头见面说的一件事。他又问我，当时接着问我，你是广西人啊，还是湖南人啊？听说你是广西人，怎么跟我们湖南人又是一家啊？我就跟他说明，我们姓梁的都是从广西出来的，出来的时候兄弟两个，一个叫梁宝书，一个叫梁宝善，亲兄弟两个。这个宝书就到了北京，考进士，做官，宝书是我的曾祖，就是我祖父的父亲。那个宝善没有上北京来，从广西出来呢，到湖南就停留在湖南，住家在湖南湘潭，而毛泽东本人也是湘潭人。我这个住湘潭的本家跟我是同一辈的，我的名字是焕字辈，火字旁，焕字辈。我叫焕鼎，我这个湖南的大哥叫焕奎，是同一辈的，他在湖南很有名。

因为湖南是光绪维新的时候，维新运动风气影响到全国，最有名的是湖南。湖南的巡抚叫陈宝箴，响应维新。他欢迎当时维新的名人梁启超到湖南长沙来，办起了一个学堂，这个学堂的名字叫“时务学堂”。本来当时就有所谓“洋务”，洋务这个名词不雅，就叫“时务”。时务学堂请梁启超做总教习，培养出来的人才很多，有名的有一文一武。文的叫范源濂，后来做教育总长的，办中华书局的，人好得很，范静生先生；武的就是蔡锷，推翻袁世凯的。这都是时务学堂的学生，都是梁任公的学生。梁任公办时务学堂的时候，不但有时务学堂，还有其他新设的机关，比如设有矿务处，矿务处就是研究开矿的；设有学务处，讲求新学的。

我的这位本家老哥，叫梁璧垣（梁焕奎），奉命在学务处、矿务处做提调，上面有总办，实际他也是负责的。他就跟着巡抚陈宝箴——他是一省的最主要执政的，他很信任我这个大哥梁璧垣。我这个大哥就跟他提议：现在都讲究要留洋，到外国去求学，欧美虽然好，可是路远，花费多，不容易，一般现在都是去日本，我们应当送一些学生到日本去求学。送学生不要送年纪小、对于中国旧学问缺乏知识的人，不要送这种人。送年纪稍微大一点、知道中国的旧学问、有点根底的人，然后再去学这个新的学问。那么他就建议给这个巡抚，说每年有乡试，乡试就是念书人中了秀才之后，再来省城考试，中举，成举人。中举人当然也不容易，名额有限制，省份，一省一省啊，湖南省名额举人是多少人，江苏省是多少人，江苏省名额又多，可是如果像我们广西名额就少，有一定的名额。考试是多少人呢，考不取，因为名额满了，那么考不取，写的考卷都堆起来了。我这个大哥就向巡抚建议，落选的卷子里头可能还有好的、有点学问的人，从那里头我选一些人，送到日本去留学。一方面对固有的知识学问有根底，另一方面再学点新的，这样比较好。巡抚就说你的这个意思很对，就听你这么办，你就去选，把落选的卷子，好几千啊，比如有一两千啊，你挑，你挑哪本卷子的人啊你认为还好，你挑 40 个人，就交你带着，领着这 40 个人去日本留学。

这 40 个人里头就有杨怀中（杨昌济），所以杨昌济先生是毛泽东的老丈人，也是毛泽东的老师。跟我在北京大学是同事，都在文科哲学系啊，刚才我说过，他教西洋伦理学。他常到我的家里头——我住在崇文门——来看。不是看我，因为我们在北大见面很容易嘛，看我的梁焕奎（璧垣）大哥——他打湖南来，就住在我家；刚才说过，从那落选的卷子里选他的那个人。所以论年龄，杨老先生和我的那个大哥，年龄算是差不多，都是四十出头。可是尽管都是四十出头，算是同一辈的人，可是他管我那个大哥叫老师，因为我那个大哥赏识他呀，把他挑出来的嘛。

艾：所以这些您都给毛主席说了？

梁：说了。

艾：那您的大哥，梁焕奎啊，也是常在北京啊？

梁：不是常在北京。他在湖南啊，被人称为首富，富就是有钱啊，头一个有钱的，大富翁。怎么他成大富翁呢，他这个主持的有一个华昌公司。华昌公司是一个炼锑的公司，锑矿一般都是开采之后把锑砂运到国外去。我这个大哥有一个三弟，我叫三哥的，他是留学欧美的。他想办法从法国买来专利权，怎么样去炼这个锑，就不用锑砂出口，而是用炼好的锑出口。当时欧战是第一次世界大战，锑是军火要用的，锑价很高，他们就发大财，特别在欧美都设了庄，派人驻那儿。可是时间很短，不长，欧战一停，锑价就跌了，所以他们称得起湖南的首富，是一个短的时期。可是你有钱的名声已经出去了，军人啊，南方的军人，比如吴佩孚什么的，他就是从南方往北打。不是吴佩孚，吴佩孚还是北方打南方的。总之啊，就是来往都要经过湖南，都要骚扰地方，都要敲竹杠，你有钱你得拿钱，所以他就躲避，跑到北京住在我家。

艾：所以就是第一次世界大战结束以后，他们那一家也并不是最有钱的，还是比较富，不过不是最有钱的？

梁：就衰落了，比较衰落了。

艾：也是第一次世界大战打的时候，您陪您的妹妹送她到——是不是经过湖南到您亲戚的家？

梁：对，她是我的一个妹妹，嫁给苏州的姓邹，邹家。妹婿26岁就死了，那么按照旧的风俗，还要运回去，他是苏州人，运回苏州去埋葬。我这个妹妹，我这个妹妹里头，有两个妹妹，这个是大妹，她还带着小孩，从天津坐轮船运妹婿的棺材，经过上海，走苏州河，到苏州去安葬。我送她去，完事我就去湖南，看我这个梁焕奎大哥。在他那块儿，他有一个大花园，在那儿住了两个月。两个月就不行，他就躲开。经过汉口停一阵，最后到北京，就住在我家。

艾：所以他到北京去的时候，是你们两个一起去的吗？

梁：不是，我先就回家了。

艾：以后军阀来敲他的竹杠啊，他就走了？

梁：对。

1906 年，梁漱溟考入顺天中学堂

少年意气：参加同盟会地下工作

艾：我要问的这个问题，也是跟您的早期的情形有关系的。我知道，民国元年，或者可以说是辛亥那一年的后半年，您是做了三件事情：第一，参加了同盟会，那是汪精卫做头的；第二，您是做记者，到南京去了一趟……

梁：不是，那是清朝退位了，我们就办报纸了，宣传革命了。在天津办报，报就叫《民国报》，中华民国嘛。我当新闻记者，还是叫外勤记者，管采访的。报馆在天津，我住家在北京，我就往来于北京、天津之间。

艾：这件事情是知道的。不过1980年那个时候您又说，也是本来打算到广西去啊，因为广西省那个时候是派学生到外洋，留学的，那么哪一个是先哪一个是后啊？当然您先是参加同盟会，参加革命啦，以后是到南京去了，最后就是要到广西去？

梁：我是想回广西。因为广西要送人出去留学，父亲是希望我能出洋留学。走到南京呢，我有一种悲观烦闷，不想去留学，就回来了，回北京了。

艾：那也有一次旅行，也差不多是那个时候，您去西安。（梁：对。）那哪一个是先？您是先到西安以后到南京的，还是先到南京以后到西安的？

梁：可能是先去南方。因为去西安啊，是因为我的老兄，我的大哥，这个大哥是亲的，他是在日本留学的。这个回来到北京呢，还考试了一下，清朝还没有亡的时候，还得了一个商科举人。因为他学的是商业，明治大学商科。清朝亡了呢，他这个商科举人也用不着了，他在日本的同学，姓谭的，叫谭耀唐，就拉他到西安。谭耀唐是陕西人——西安人，在西安他们兴办的叫西北大学，需要教员，谭耀唐就拉我这个大哥到西北大学教书。我那个年谱上都有，他去了之后，我后去，也到了西安。

艾：是啊，您跟我讲过，您住那边那一次差不多住了九个月？

梁：没有，没有那么久……

艾：那是六个月。所以那么长时间啊，也许是您从南京回来以后，再到西安？

梁：可能是那样。

艾：那记者的职务，您辞职了？

梁：离开了。做记者嘛，就是《民国报》啊，报馆先在天津，为了印刷方便起见先在天津。……转过年来，同盟会就改组为中国国民党了。我们的《民国报》也迁到北京来了，国民党党本部就派人接收了这个报纸，作为国民党本部的一个机关报，我们里面的几个人就退出来了。

艾：所以也许是，退出来以后才去西安住六个月的？

梁：在西安待了不够六个月。我记得那次坐火车，火车本来是从北京往汉口有一个车，汉口在南边，不能到汉口那么远，中途就得拐弯往西安去。往西安去的路就不是京汉路了，叫陇海路，陇海路修得还不远，不够长，修的一个地方叫观音堂，火车就只能开到观音堂。我记得在观音堂下了火车，还要雇北方的骡子车，再往西走，走潼关，这样到西安。这种坐骡子车走很有意思，看沿途的风景，不像火车一下就过去。

艾：那次也是您第一次到西北去，风景都是新的，跟北京的这一带不同。（梁：对呀。）说到同盟会，我知道您中学时代已经参加了。不过我不晓得您怎么晓得本来有分会……

梁：那是有一个朋友，叫甄元熙，这个人是广东人，他在广东是台山县人，在南方他就是孙先生的同盟会的会员了，是革命分子了。他来到北京呢，到我所在的那个中学里头，他算是插班进来的，他中途进来的，他就带着革命的思想来的。我们两个人相熟，政见不同，我的那个政见还是受梁启超的影响，那个影响是什么呢，是君主立宪。他呢，甄兄呢，是要革命的，我们两个人就辩论。后来大家对清廷失望了，我也就放弃了君主立宪的意思，跟甄啊我们都算是一同搞革命。

艾：是，他们就是入了会了，是那位朋友给您介绍的。我的意思是，当时一定是地下的组织了，就是别人都不晓得，是吧？

梁：开头也可以算是地下吧，那个日子很短。

艾：武汉起义以后啊，您才……就是说，既然是地下的一个组织，您的朋友带您到地方去开会啊，还是……

梁：他是另外有一个人，大概是个湖北人吧，叫胡鄂公。这个人是一个奔走革命的，专在天津、北京、保定这一带来往奔走。我们是受他的影响，受胡鄂公的影响。

艾：这些分会的负责人是谁呀？

梁：京津分会负责的，头一名就是汪精卫，第二名叫李石曾，第三名叫魏宸组，他们三个人算是京津同盟会的领导人。

艾：所以您入了会，做了会员的那个时候，您是跟这三位……（梁：人很多。）譬如您入会的时候，就是那一批人，一共有多少人啊？

梁：那时候那个数说不准了，一方面是多，另一方面也不算是太多，比如说几百人吧，不清楚。在这个组织里头一共有多少人啊，不大清楚。这里头有许多是军人，他这个保定有军官学校，他们的那个学校有一种学生，叫入伍生队，那里头有河南人、云南人、四川人，人数很多，那么都是京津同盟会的会员。就是我们这个京津同盟会里有他们这个保定军官（学校）的学生啊，有不少。办报嘛，很需要花钱，那时候我们那个办报啊浪费得很。怎么浪费得很呢，没有多少材料，可是一天还要出三大张。比如像现在北京的这个报纸啊，都出一张半。那时候我们要出三张，很浪费。

浪费的钱打哪来的呢？俗话叫“敲竹杠”，敲谁的竹杠呢？敲张振芳。张振芳是袁世凯的表弟，他那时候就算是直隶都督，住天津。袁世凯表弟是河南人。我们这个朋友团里头有刚才说那个入伍生队，里头有云南人、河南人，还有四川人。他们这个河南同乡就找张振芳，说我们要办报，请你出钱。这个时候张振芳就要联络革命党人啊，他站在袁世凯这面啊，愿意跟革命党人交好、联络。他一下就拿十万大洋，那个时候十万大洋按现在说得顶一百万，所以那时候我们办报就很有钱。

艾：办报以前您分会还是做地下工作的时候，好像您书里，《我的自学小史》也提到，什么手枪、手榴弹的把戏，具体指什么样的事情啊？

梁：清朝没退位，还是要革命啊，那么就用这个手枪、炸弹啦……

艾：用它做什么？比如我知道……

梁：暴动啊。

艾：在北京、天津也会有这种事吗？

梁：嗯，他要暴动啊，就是清朝没退位，要赶他啊，并且还要对付的一个人啊，就是袁世凯。袁世凯是很坏的，他很坏，他是一个两面派。他借着南方的革命势力，欺负、欺压当时的皇室。当时的皇室是那个四岁的小孩，宣统，还有也算是宣统的母亲，叫隆裕太后，孤儿寡母。袁世凯就欺负他们，借着他们的名义跟南方讨价还价，袁世凯他是两面。那么我们知道他这个两面派，这个人很坏，所以，在我们的这个组织里头啊，就有人考虑到暗杀的动作。

艾：那内部搞暗杀工作的有没有您的同学、朋友啊？

梁：那就算同党啦。主要的就是要暗杀两个人，一个是暗杀一个满洲人，站在清朝方面的，这个人叫良弼。这个人是在日本学陆军的，其他的那个清廷方面的亲王啊、贵族啊，革命起来都害怕，就不敢主战，不敢跟革命党打。可良弼是主战，他在日本学陆军的，站在清廷一方面，好像他也是一个带兵权的，当时他是带兵权的。所以当时为了革命起见，要把妨碍革命的人除掉，所以我们同盟会组织里的人就刺杀良弼嘛，刺杀良弼的那个人叫彭家珍。结果是投炸弹，那时候北京还没有汽车，最高级的就是马车。良弼坐着马车回宅，回自己家，家就是现在在北京，地名叫红罗厂。他正在下车，从马车上下来的时候，这个彭家珍就投下了炸弹。首先彭自己就死了，良弼也炸掉一只腿，后来也死了。这是彭家珍一个。

再一个就是刺袁世凯，我们大家都发现袁世凯这个人坏，奸坏，借南方势力压清廷，借着清廷对付南方，要刺杀他。那个时候他是住在现在叫作外交部街，是一个大楼，洋楼，他从外交部街，那时候最高级就是马车，双马，两个大洋马，他出来坐马车。马车前头有他的卫队，马车后头也是卫队，前后都有。他这个车上哪儿去呢，从住的地方还是要进宫，进宫就是向当时那个叫隆裕太后，跟宣统，那个小皇上啊，他好像还要回奏啊，奏报啊，报告啊，当面报告。在进宫的路上，进东华门，进宫的时候，我们在丁字街，丁字街是一个像个丁字似的，那个口上，有个酒铺，可以喝酒，同时卖点熟的菜，鸡啊，肉啊，都是做好的。有姓黄的、姓张的，一共四个人吧，在酒楼上借着喝酒为名，在上面看袁世凯的马车在底下经过的时候，就从楼上丢下炸弹。丢早了一点，就是说把在马车前头的卫队的队长，也是骑马的，把那个人炸死了，可是没炸着袁世凯。袁的卫队一看上面丢下来的炸弹，上楼就把这四个人都抓了，后来这四个人都牺牲了。袁世凯从此，就借此不进宫了。

艾：所以当时您也是做了地下工作，您不是好像算是有一个幌子，就是好像伪装做什么生意啊？

梁：对，到昌平县。

艾：细节我都不清楚，只知道有这么一回事，能不能多讲一点？

梁：也没有多少可讲的。就是我们在那个时候要搞一个秘密的机关啦，秘密的机关表面上算是做生意，做买卖，实际是一个革命的暗藏的机构。这个买卖呢，那个时候没有电灯，主要的就是煤油灯。这个煤油灯出产在昌平县，这个煤油灯灯泡、灯座啊，就到那儿去买这个灯。我们这个机关设在东单二条，表面上是生意，是商家，卖什么东西呢，卖刚才说的煤油灯啊，煤油啊，灯罩啊这些。我就被派到昌平去买这个回来，（艾：把这些东西拿回来。）作为门面啊，装作是一个商业了。

艾：所以，这个煤油灯的铺子事实上是同盟会的一个机密的组织了，也许前面有一个做买卖的那部分了，后面也许有个房间就开会了，是这样的？

梁：对，对，对。

艾：所以您也是假装坐店的？

梁：嗯，就是买卖人。

艾：那个时期就是开那个店做幌子的时期，也许多久了？一个月？两个月？

梁：没有建筑房子啊。

艾：哦。我没有说，就是说伪装幌子，开那个煤油店，（梁：商店吧，小商店。）是，也许多久了？维持多久？

梁：没有多久。

艾：一个月？两个月？

梁：我也说不准。反正没有多久局面变化了，就用不着了。用不着做伪装了。清朝他已经退位了，革命已经成功了。

艾：所以就不需要门面了。那么一般地来说，您在同盟会的时候，您自己也没有参加什么打仗啊什么，就是，不是在滦州有个起义吗？

梁：那是冯玉祥他们在滦州。

艾：我就记得京津分会好像是在那边，有个……

梁：反正革命方面的人都互相有联系就是了，但是组织不严密，它是……中国人啊他不习惯这个，不习惯这种严密的组织。

艾：不过因为有的工作，本来刚刚开始是非法的组织，所以我以为一定要严密一点，不然把这个事情就泄露出去了。

梁：一方面要严密；另一方面习惯又不严密，习惯上不会很严密。

艾：有另外一位顺天中学的同学，也是，是不是姓雷？

梁：雷国能。

艾：他也是您的一位朋友？

梁：朋友，四川人。

艾：他是不是在同盟会比较……

梁：他也是。

艾：也不是特别活跃，或者……

梁：不是。特别的就是那个甄元熙。

艾：也可以说，我的意思是，入了会的时候是经过什么手续啊，是不是要发誓啊，还是……

梁：本来是孙先生组织同盟会的时候很有手续，那是在日本东京。他那个很有手续，有那么一样啊，按手印。留下了手印每个人不同。那是在日本东京的时候有这个，我们在北京就没有这个。

艾：就没有正式的入会的手续？

梁：对，没有这个。

艾：那做记者的时候，您说在外面跑来跑去采访……

梁：叫外勤记者，就是访问、采访新闻的。

艾：您经常采访哪一类的事情、消息呢？

梁：主要还是政治方面的。采访新闻呢，当时有总统府、国务院、各党派的总部，比如梁任公他们那一派，开头叫共和建设讨论会，后来叫民主党，后来又叫共和党。这边呢，左边啊就是同盟会，同盟会改组为国民党。

我眼中的章士钊

梁：……他是第一任的教育总长了，不过那个时候呢，他作为教育总长参加的内阁，总理就是唐绍仪，唐绍仪本来是南方革命派跟北京袁世凯两方面都同意的一个总理。因为唐绍仪跟袁世凯很有关系，关系很早，他们在朝鲜就有关系。袁世凯曾经在清朝末年——一个军人叫作吴长庆，吴长庆部下啊，袁世凯给他做中军统领。中军统领也就是个营长的地位，吴长庆手下。中军呢又很重要，中军就很亲密的，跟这个最高长官很亲密的，袁世凯是吴长庆的很亲信的一个营长吧。而这个吴长庆呢，有一对孙女，不是儿子，是孙女，孙女一个叫吴弱男，一个叫吴亚男，“男”就是“男人”。弱男、亚男她们两个都是去日本去留学，吴弱男跟章行严（章士钊）东京相遇就恋爱，后来就结婚了，好几个章先生的孩子都是这位吴夫人生的。

艾：您1980年那个时候跟我讲，非常佩服他，也觉得他很聪明，就是他为人有一些是您不喜欢的，就是抽鸦片、赌博什么的。那意思就是说他从日本回来以后，您跟他见面以后，一直都跟他有来往的，所以您才晓得他的这些坏的习惯？

梁：主要是他在日本东京出版一个刊物，叫《甲寅》。

艾：就是那个时候您已经跟他通过信了？

梁：嗯，通信，我喜欢看他的文章，我也给他投稿，这么样子彼此有书信来往，我对他很仰慕。后来在倒袁的运动，推倒袁世凯的运动，在西南设军务院，军务院的秘书长是章行严。

艾：所以他从日本回来的……

梁：他是倒袁里头的一个重要的人。他做秘书长，那么袁倒了，军务院结束了，章先生他是做秘书长来北京。来北京干什么呢，就是跟北京要一笔款，当时为了推倒袁世凯革命，用钱都是借来的钱，要跟北京政府要一笔钱还债，这样子他到北京来。到北京来，那么我过去嘛一直跟他通信，对他很佩服，知道他来了我就去看他。那么一看他呢，我就失望了。

艾：就是头一次见面已经晓得他有这些坏习惯啊？

梁：那个时候还不知道他什么抽鸦片啊这些事，什么嫖啊，赌啊这些事，那时候还不知道。

艾：那哪些方面失望的？

梁：就看他不是一个在艰苦的环境中，为社会、为国家奔走的一个人，他嗜好太多。那时候的嗜好还不是说什么娶姨太太啊，嫖啊，赌啊，抽鸦片啊，还不是这个，就是爱书画。中国人不是讲究字画？古人写的字啊，画的画啊，他收那个东西。我去看他的时候，他正开一个箱子，给来的客人看。来的客人一看，这个东西多好啊，那个多好啊。我就想，现在人民都在苦难中，你搞这些个，你不是一个能够为苦难的局面来尽心尽力的人。

艾：是，所以头一次见面他也把这些书画都拿出来给您看啊？

梁：他给旁人看，我也在旁边看。

艾：明白了。所以您心里想啊，原来他不是这种……

梁：就是说他这个人啊，爱好的事情太多，他还是一个文人，不是一个投身到社会里头去啊，为救国啊，不是这么一个人。

艾：我明白了，不过以后还是继续跟他来往啊？

梁：来往是来往，可是我对他有点失望，他这个人不是我所要求的。后来一直来往，一直到他九十三岁死的时候，死在香港了。九十三岁以前他在北京住的时候，住在东四牌楼那边，我都还常到他家里去。

艾：所以解放以后他在北京，您也在北京，也常常见面的，到他家里去聊天？

梁：主要是我去看他喽，他是老前辈嘛，比我大很多。

艾：所以您跟他在一起讨论的话题、题目啊多半都是哪些方面的？

梁：他是那样的，他跟毛泽东毛主席的关系特别。

艾：给他资助啊，还是有一阵子……

梁：毛泽东他是湖南搞革命啊，搞“船山学社”。* 因为明朝末年、清朝初年有一位王船山先生，那是一个有大学问的人，湖南人都佩服他。他们有船山学社，还有他们自己的一个出版物叫《湘江评论》，这都是毛主席他们搞的。这个都要用钱。特别是他们有一批人呢，要去欧洲留学，当时叫勤工俭学。勤工俭学本来到了那里就一面工作一面就有生活（费）了。为难的就是从中国去欧洲的这个路费，

---

* 1914年刘蔚庐（人熙）联合社会进步人士，设立船山学社，以研究明末清初大思想家王船山的学术思想。1921年8月，毛泽东、何叔衡等利用船山学社的社址和经费，创办了以培养革命干部为宗旨的“湖南自修大学”。

筹这个路费，筹路费呢，就是杨昌济（杨怀中）先生啊，就写介绍信要毛泽东拿着这个介绍信去到上海找章行严，说是请他向当时的工商界募一笔款，给出去勤工俭学的人做路费，买船票去欧洲。那么毛泽东就拿着这个杨老先生的信，到上海去找章行严。章行严跟上海的纱厂，大资本家，比如有大资本家叫穆藕初，还有其他的人啦。当时纱厂就很发财啊，大资本家很发财，向他们募款，说有一批学生去欧洲求学，你们有钱的人啊请你们帮助。穆藕初再联络其他的几家大纱厂主人，都是有钱的人，一下凑出一万块钱，交给章行严。章行严这手接过来，那手就交给毛泽东，好了，你拿回去。毛泽东就拿了这一万块钱，十分之八是做了好多人去欧洲的路费啊，留下两千块钱来，他自己就搞他的刚才说的出版物《湘江评论》啊，办船山学社啊，搞一个小团体吧。所以他还是借着杨先生的关系，找的章行严。章跟杨的关系是很深的。他们在日本的时候也是在一起，到英国留学也还是在一起。

艾：所以他这一次资助……（梁：很有用。）解放以后去看他的时候，我就是听别人讲，听说他还可以抽鸦片。不过就是因为他……

梁：对，他这个人嗜好很多。

艾：您跟他在一起谈话的时候，有没有好像劝过他，就是少赌博啊，戒烟啊。我以为就是有人也会劝他。

梁：但是论起来是应该劝他的吧，可是那不行啊！说起我们彼此的关系，他是老前辈，他的年龄、社会的资望种种，我就只能算是个学生啊。他住在东四牌楼史家胡同，我总是去他那里看他了，他不出来看人。他晚年的时候啊，耳朵聋，周总理还是送他一个仿佛很讲究的助听器，他不喜欢戴，他就又不戴了。你说话他听不见啊，我就拿笔写，他回答呢，他能口述。末了的时候是这样，这样也相当费事。

艾：是啊，对您来说是非常费事的事情。就是不喜欢戴啊，他觉得麻烦啊。这个非常有意思。

* * *

艾：……我走的时候就是讨论章士钊先生，您是跟我讲周总理送他一个助听器，不过他不喜欢戴。我觉得有两个有意思的地方，第一个我知道他和毛主席是早就相好的，不过周总理也跟他（梁：有关系啊），那怎么跟周总理有关系啊？

梁：还是从毛主席那边来的。周总理算是毛主席的代表了，一些事情呢，周总理总理一切事情啊，内政外交，都是周总理，那跟毛主席有关系啊，有些事情还常常要通过周总理。

艾：所以他这样就认识章士钊，因为周总理代表毛主席啊，所以他也认识章士钊。解放以前不认识吧？

梁：他们可能在欧洲碰着过。因为章士钊先生先是留学日本，后来留学英国，还去德国，英、德、法他当时都去过，能讲英语，能讲德文。周总理也是在法国居住，可能他们很早的时候就碰到过。不过后来嘛，主要的就是周总理是中央政府啊，他是当家做主啊，内政外交都通过他，总理忙得很。就像是章士钊啊，他什么事情也得找周总理。

艾：章士钊先生解放以后啊，有没有做什么事情啊，是不是写东西啊，或者……

梁：对，他也算是全国人民代表大会的代表啊，政协的委员啊。

艾：那么他也是跟毛主席就是维持这个……

梁：跟毛主席的关系很早了。因为毛主席的老师杨怀中先生呢，跟章士钊他们都是同乡，都是在英国一起留学，相好。特别有个事，就是毛主席还在做学生的时候，有一批湖南的学生吧，好几十人，也有年纪不太老的，你比如像徐特立、杨怀中啊，都是四十岁吧，反正他们都还是想去外国求学。求学还搞那个勤工俭学，到那儿不再怎么需要费用，不成问题，一面做工，主要的那时候好像法国缺乏工人吧，男的。就是从中国去欧洲啊，这个坐海船啊，这个路费，缺乏路费。毛主席就受大家的委托，毛泽东到上海去找章行严（章士钊）。因为章士钊交友很广，请他帮忙，他就给找上海纱厂的主人，其中有一个叫穆藕初，这是有名的。那时候纱厂发财，说有一些学生出国缺乏路费，请你们帮忙。穆藕初还联系其他的纱厂主人捐一万块钱，把这一万块钱交给章士钊。章士钊这手接过来，那手就交给毛泽东，你拿回去，这一万块钱你带回湖南。毛泽东就拿了这一万块钱，十分之八是做了好多人去欧洲的路费，留下两千块钱来，他自己就搞他的《湘江评论》啊，办船山学社啊，组织一些青年人呢，也是靠这两千块钱。

艾：所以从那个时候起啊，毛主席跟章行严先生都是维持联络的？

梁：他算后辈啊，他跟章行严比算后辈。

艾：不过以后毛主席也都是在乡下，在江西、延安啊那边的，也没有跟章行严有碰头的机会吧？

梁：没有，还是到了北京。到北京之后旧关系就联系上了。

艾：主要是毛主席记恩啊，那年章先生帮他忙，所以他对章先生好像特别……

梁：他们都是湖南老乡啊。

艾：那么是民国十几年，差不多十一二年，章士钊先生在上海的时候，写过两篇，发表过两篇文章，都是好像主张中国做个农业国家。（梁：农村帝国。）当时您还没开始……

梁：还不认识他，那时候还不认识，可是通上信了。

艾：他的那些文章您有没有看过？

梁：看过。

艾：会不会是影响了您自己的思想？

梁：可以说是，也不算受他影响。我自己很早就注意这个乡村。我注意乡村的来历啊，是因为热心把中国从君主专制的国家改成立宪国家。立宪国家最好的模范是英国，英国的宪政最好。那么一般的呢，英国本身它并没有一部成文的宪法，它是不成文法，可是一般的中国人呢，特别是念书人呢，就想宣布写一篇宪法，宣布立宪，就行了。其实这是表面文章，不实际啊。我当时很羡慕英国的宪政啊，我就觉得要建立真正的宪政啊，要有基础，这个基础是地方自治。中国的农民是散散漫漫啊，各自谋生啊，缺乏组织，所以我就热心，为了乡村自治就要把农民组织起来，组成团体。一面组成团体，一面求进步，求科学。你农业，老是守着旧办法，不行，得改良，种子改良，改良生产技术啊，所以我就是热心乡村工作。乡村工作有两个四个字，一个四个字就是团队组织……

艾：……就是刚讲的是您怎么对农村的问题发生兴趣的，我刚问的是，章士钊先生那两篇文章有没有影响过您，您说没有。

梁：因为刚好他也注意农村，我也注意农村，不是受他影响。

艾：章先生“文化大革命”的时候，有没有受过什么……

梁：周总理奉毛主席的命保护他，说是“文化大革命”学生闹得厉害，不能让章老先生受到骚扰，不让他再住家里头，说给他安排个地方。怎么安排呢？让他住在陆军医院，这是陆军的医院。陆军医院学生不去，所以就保护起来了。

艾：所以他一直都没有事情，也没有损失？

梁：没有，没有损失。

艾：虽然他人在陆军医院，他的东西啊，比如他的这方面的损失很大啊，什么书画这些啊。

梁：他都没有。

艾：他的东西也没有动过啊？

梁：没有什么，他特别保护。他有一个事情他也是特别保护，就是章老先生抽鸦片，那么因为他年老了，虽然共产党不许人抽鸦片，对他就特别地原谅他吧。可是他也就自己戒了，（艾：那不容易了，尤其是年纪大的。）自己把烟戒了。

艾：他是什么时候，刚刚解放的时候呢，还是……

梁：解放后，解放后在北京。

艾：是在“文化大革命”以前呢，还是……

梁：“文化大革命”前。

艾：他是用什么方法戒掉啊？

梁：那我就说不清楚，他自己戒的。

艾：也就是说他没有医生帮忙？

梁：恐怕有医生帮忙。

艾：所以结果呢，您本来不是对他很失望，比如他这些坏习惯，抽鸦片什么的，结果他还是把它戒掉了。

梁：……

艾：我是听说他去世时在香港，他去香港的原因之一呢，就是去看看他的那位姨太太。

梁：是，不过他去香港主要不是这个事。主要是中国的政府想要对蒋的台湾政权，想要解决吧，解决这个矛盾。在蒋介石的那边呢，有两个都是很重要的人：一个是军事方面的人，叫黄杰；另一个是外交方面的人，叫魏道明。这两个人都跟章老有关系，都是算章老的后辈、学生，所以想让章老从香港去一次台湾，有这个计划，这个计划是毛主席和周总理的计划。可是没去成，他跟台湾要联系之后，台湾要接待他才……没有联系好。所以章老在香港时就故在香港，他年纪也大了，九十三岁。

艾：是的，是，是。他走以前您有没有去看他？

梁：去看他，很多人给他送行，都送行。

艾：大家都晓得他的任务、使命是什么？（梁：嗯。）所以在北京不算什么机密的事情，很多人知道的。结果台湾那方面没有，就好像是不理他了，所以他只好在香港等了。

梁：那段情形我们就不清楚了，总之他没有去成台湾。他有没有跟他所熟悉的，我刚才说外交方面的魏道明啊，军事方面的黄杰啊，有没有联系好啊，那个情况我们不清楚。

艾：他是常常到香港吗，就是说解放以后呢……

梁：他也不算常去吧。确实香港啊有个姨太太，姓殷。

艾：就不懂了，假如他不常去香港呢，他怎么在香港有这位姨太太，怎么住在香港呢？因为他不是常去。

梁：他是不常去。我记得香港不是有个《大公报》啊，《大公报》的负责人叫费彝民。他每年都要回来，到北京报告工作，再接受政府的嘱托、注意什么的时候，他临走，是来了已经报告了，要回去香港了，总理就告诉他，说你去见章老章行严，不要让章老把他在香港的姨太太接北京，不要，不但不要，并且我们政府给你一笔钱，你在香港买个房子，我们要请章老到香港跟他的姨太太在一块住。这个事情呢，费彝民临走就向章老来报告。那时候章老住东四牌楼，干面胡同，我也常常到章老那儿去。他就跟章老说这个话，报告这个话。就说毛主席、周总理嘱咐我替他在香港买房子，安置住家的地方，向章老报告这个事。

艾：当然我知道毛主席对章老先生是知恩图报啊，一直对他非常好。不过他们两个，就算他早年帮助毛主席啊，这件事情的话应该有别的因素啊，他们才会这么好啊，是不是他们两个人很谈得来啊？

梁：中间的关系是杨老先生的关系。

艾：我的意思是，这些因素以外啊，应该他们两个人的性格啊，比较投机吧？

梁：如果说是性格，或是这方面的关系的话，就是有一点他们两个喜欢谈，谈逻辑。本来中国翻译外国，严几道先生把这个他翻译的名词叫“名学”。有人从日本翻译过来叫“论理学”。可是章先生翻译，也不用叫名学，也不叫论理学，他是叫逻辑。（艾：哦，是他创造的。）他造的。他说是英文不是叫 logic，他在上海办报啊，办《民立报》嘛，他说你不要用半通不通的话，就用逻辑，用这个好，所以他提倡的。

艾：原来是这样，我都不晓得。那毛主席也是很喜欢讨论逻辑啊？

梁：对，他讨论这个，他跟章老先生有时候他们讨论这个问题。

伯渠先生：

過去我遇事輒固執自己意見，不肯完全聽從中國共產黨的領導，兩年後證明自己所見並沒有對。在兩年來的體驗中，使一個自信很強的我減少了自信，而不能不轉移到信任中共。特別是對眼前國家的事情而說，是如此。

雖則我仍然覺得自己有其特殊經驗在身，仍將不放棄我自己的研究工作，但在無礙自己研究的前提下，今後政治上將一切聽從中共領導，並且願聽中共朋友對我個人的安排。經再三考慮過，今天我所以自勉於國家之道應不外是。這一層請林老代為轉達 毛主席暨中共中央諸同志。

再則，我久想到蘇聯住半年一年，體會之蘇聯社會生活，並考察當前舊俄社會是怎樣被他們近卅多年來建設新社會的過程是怎樣的。往者曾函託張東蓀先生面交代陳於 毛主席之前，聞經 毛主席首肯（事在四九年春夏間）。現在是否能給我以這種機會，亦冀求斡旋至幸！

專此奉託，即致

敬禮！

梁漱溟

勉仁書院

重慶北碚

梁漱溟致林伯渠 1953 年

与毛主席的长谈

艾：说到性格，您和毛主席的性格方面好像正好相反的。他好像很喜欢刺激，您呢就是把什么都看得很平淡，平淡的生活。您不是说，譬如您不是常喝茶的，连这个白开水，吃饭也不喜欢比较有滋味的东西。他是正好相反的。比如喝酒、抽烟，他两个都很厉害啊，您也是相反的。为什么这两种性格正好相反的人，这么谈得来啊？

梁：他才高啊，他用中国老话叫雄才大略，实在了不起。

艾：是，不过依您看，他为什么这么喜欢跟您一起讨论问题呢，就是因为两个人的兴趣、性格很不同的，依您分析？

梁：就是有点旧关系，我说过我在北大教书很早，他后去北大，那是在五四运动后一点了，我跟他的老师也是他的丈人杨怀中先生都是在哲学系，那么样子，所以有这个旧关系。

艾：不过就算是有这种旧关系嘛，比如就是您头一次去延安访问啊，您说好像一到了，他好像很愿意跟您讨论问题啊，所以就是常常晚饭以后讨论到第二天呢。意思好像是他非常喜欢跟您讨论，不是因为旧关系，就是因为他喜欢跟您……

梁：他是夜里头谈话啊，他都是夜里头跟客人见面。

艾：您说夜里头是差不多晚上……

梁：就是他白天睡觉，下午五六点钟起床，旁人吃晚饭的时候算他吃早点。那么这时候吃完早点之后他就办公了，见客了，会客了。所以我去延安跟他见面都是下午6点钟开始跟他见面，谈话谈到天快要明了，天亮了，他又要休息了。旁人该起来了，他又睡觉了，他是那样。所以他这个习惯是从前在井冈山打仗的时候，他是这样。他总是听了报告，敌人的情况怎么样，然后他就做一个怎么样子打，怎么样子反这个“围剿”，本来是围他，反“围剿”的这个指示，你们打仗怎么打。把这个指点、方针，怎么样打游击战什么的都交代好，他睡觉。（笑）旁人去打，他睡觉。等到以后，等他起来了就听报告，听他的部下的报告。

艾：所以抗战的时候也是这个样子的。那解放后不会是……

梁：这主要是在井冈山。

艾：是呀，不过您说在延安的时候也是这样的。

梁：也是，他习惯是夜里头办公、会客，天明人起的时候，人都起床的时候他睡觉。

艾：还是刚刚问的这个问题啊，这就表示他非常喜欢和您在一起讨论事情、问题、思想啊，不过他的性格和您的性格可以说是正好相反的，我还是不晓得为什么？

梁：他就是主要的，不是别的事，主要的是这个开头是我佩服他，后来是彼此争论。开头何谓佩服他，是什么道理呢，我为什么跑去延安去找他呢，我就是对日本人侵略中国——为国家前途悲观。日本人把卢沟桥打下来，上海打下来，华北、华东都占了，中国的军队总是撤退又撤退，撤退又撤退，我说这怎么得了啊。政府军队是撤退，社会上的人呢都是纷纷逃难。所以比如从华北、华东都向西南逃，当时叫逃难。那么政府不行，大家又都逃难，这不行，这国家怎么得了啊。那么我就想去看看，他们延安啊，有没有办法，有没有希望，我是这样子跑去找他的。

他完全乐观，我悲观，他完全乐观。因为他说没有问题，日本人啊，你不要看它现在胜利，占了大半个中国，最后它只有失败、投降，它不能够如意的，国际上列强各国不能让它这么样子来。他说要紧的一条是什么呢，中国政府不要投降，不要怕他，所以他写了一篇文章叫作《论持久战》。《论持久战》呢，说最后日本是失败，一定失败没问题。所以我悲观，听他一谈呢，有道理，我也就不悲观了。不悲观之后呢，就说要是日本失败后我们中国得建设新中国啊，建设新中国应当怎么样子一条路，怎么样一个办法吧，他说对啊，这个得建设新中国。那么我就提，我说建设新中国要从认识老中国入手，你得对老中国认识之后再建设新中国。

那么这样子呢，就彼此意见不合了。在哪个问题上不合呢？就是对老中国如何认识上，彼此不合。怎么样不合呢，他就喜欢谈阶级斗争，他无论在延安啊，后来在北京啊，他总是要谈阶级斗争嘛。我不同意他这个一点，我就说你说阶级斗争，这是说从外国来的话，外国啊过去的中世纪有中世纪的阶级，转入了近代社会，资本社会又有资本社会的阶级。那么中国呢不同，我说这个阶级啊，虽然是不外乎贫富、贵贱，这个贫富、贵贱在中国也有，从来就有。远的不说，明朝、清朝我们都清楚，贫富、贵贱都有，可是阶级的分化不明、不强，而且他这个贫富、贵贱上下流转相通，不固定。贫的又富了，富的又贫了，贵的又贱了，贱的又贵了，是流转的。中国老话有那个话，叫作“富贵本无种，男儿当自强。朝为田舍郎，暮登天子堂”。中国人你念书，中秀才、中举人、点翰林，那就是做大官了。我说中国的社会阶级的分化不是像西洋那个样子，很明、很强、很固定。我跟他在这个问题上辩论，他就强调阶级斗争。最后辩论得彼此所见不同了，辩论很多之后就得不能再说了。他就这样说，梁先生，你呀，过分强调中国社会的一般性——跟其他（社会的）相同性，注意中国社会的特殊性注意得不够，那意思就是说我还是比你对。这样说到这儿也就不能再说了。一直到后来在北京，彼此问题争论还是阶级斗争的问题。

亲历“五四”：“我没有一种很激昂的情绪”

艾：您在北大的时候，“五四”事件就发生了，您的一些同事啊也是……

梁：“五四”是民国八年，我受聘，受北大的聘书是民国六年。

艾：我的意思是，您的同事，李大钊啊，陈独秀啊，就说是这个事件发生的时间，5月4日那天发生的事件，第二个时期差不多有几个礼拜都是有示威、游行、罢工啊这些，您当时有没有什么反应啊？您自己是亲自看见示威吗？

梁：对，不过我当时没有跟大家跑，对群众起领导作用的主要是两个人，一个是陈独秀，另一个是李大钊，群众当时有八个学校，叫八校，北大是八校之首，头一个大学，其他有农业专门、工业专门、法政学堂什么，一共有八校，八校师生游行。这个游行的时候李大钊常常领着游行。平素你看他人啊，非常温和，说话跟人和气得很，总是笑脸，可是他领导群众的时候，他像疯狂一样，群众、学生都跟着他走。

艾：他是不是在大会发言啊，您也是在场看见的嘛。1980年您也是跟我这么说，他经常是非常温柔、斯文的一个人，我记得在街上好像发狂的一个人。所以您亲自在街上……（梁：我看见的。）您是怎么一个人去看看这个热闹呢，还是，我的意思是，当年我知道您不是跟别人跑的，您一定对这个事情是有兴趣的，不然您不会去看它吧？

梁：我是注意吧，注意这个事。

艾：那您自己的学生，譬如啊，有没有来……

梁：学生都跟学生一块的。比如跟我相熟的学生，有姓黄的——黄艮庸、朱谦之，他们游行时候有的还被关起来，朱谦之什么都被关起来的，后来都是蔡校长去给保出来嘛。

艾：刚刚发生的时候这个事件啊，学生不是把曹汝霖……（梁：对，章宗祥、陆宗舆，三个人。）发生的那一天晚上，或者第二天，您有没有跟别的人——同事啊，朋友——讨论这个事？我想知道您当时的反应，心里的反应啊……

梁：我没什么很热烈的反应。他们打“曹陆章”嘛，我觉得这个事情大家的感情都是责备“曹陆章”啊，好像是私通日本、沟通日本，是这个意思。所以打“曹陆章”啊，也都是反映了这个的。我没有一种很激昂的情绪，没有跟着大家跑。

艾：所以您的同事们啊，比如李大钊啊，会不会好像就是要劝您去？

梁：没有。北京大学教授啊，教员啊，讲师啊很多，旁人也没参加，就是李大钊他是领导这个学生。学生里头呢，有名的就是傅斯年、罗家伦、康白情、段锡朋、周炳琳及现在的许德珩。现在在北京有一个算是政协的副主席吧，叫许德珩，岁数比我还大。我现在九十一岁，他都九十四岁了，可当时他是北大学生。

艾：您当时其实年龄也跟学生们差不多啦？

梁：对，跟学生差不多，有的学生比我大。

艾：我知道您去北大之前已经认识李大钊。

梁：见过面，还不熟，见面其实在进北大之前。

艾：在什么地方、什么场合见面的？

梁：培养李大钊的，不是革命派，不是孙中山这一边，倒是偏右的一派，就是梁任公这一派。汤化龙，还有一个叫孙洪伊，他是河北省人，他也是这个国会议员啊，为国会议员里头众望所归的一个人。孙洪伊、汤化龙他们都算一派吧，他们培养李大钊。他们培养李大钊啊，也是因为天津有一个北洋法政学堂，李大钊本人是乐亭县人，属于河北省，就进了北洋法政，他们注意他是人才，所以送他去日本留学。在日本留学呢，学的是法政，留学的时候他就跟章士钊（章行严）同系。章士钊在日本东京办一个刊物，叫《甲寅》。甲寅按中国老话说，寅是虎，所以他这个刊物画一个老虎，杂志名字叫“甲寅”，因为是甲寅年出版的。

李大钊跟《甲寅》这个刊物常常投稿，因为投稿嘛，也就跟主持《甲寅》的章行严先生见面了、认识了。章先生奖励后进，很爱护他。后来彼此也都回国了，章先生有家眷了，夫人是吴弱男，他有儿子有女儿，两个儿子一个女儿吧。他就请李大钊做家庭教师，到他家里来教他的孩子。这样子，孩子的母亲就叫，刚才我提到叫吴弱男，那是很有文化的，在日本和章行严先生恋爱结婚的。夫人吴弱男呢，就跟教师啊，跟李大钊啊很谈得来。可是在政治上，李跟章不大合，就是李是偏左，走革命的方面，章呢，缺乏这种情绪。

艾：您是到章先生的家就跟李大钊先生见面的呢……

梁：在前。北京有一家报纸后来很有名的，开头叫《晨钟报》，后来把钟字去掉了就叫《晨报》，那是北京很早很有名的报纸，李就在

《晨报》里头。《晨报》就刚才说的，算是汤化龙那一派办的，汤化龙、林长民，本来是偏右的，对国民党来说偏右的，可是李先生在里面时间不长就脱离了，他不太喜欢这个，他就离开了。

艾：您是因为跟报纸也有关系就碰见他，头一次您说去北大之前就认识啊，不大熟……

梁：不大熟，可是认识了。我记得有一次好像是请客吃饭，我也是被请的一个客。客人好几个吧，另外一个被请的客人就是陈独秀。陈独秀那时候刚从上海到京，到京他不是为别的事情，他是要创办一个出版社，他起名字叫“亚东图书馆”。他缺乏资本，他就募股，50块钱算一股，希望大家入股好办起来，在上海募股之后跑到北京来募股。这个时候李大钊请吃饭，有陈独秀，也有我。

艾：李大钊怎么请您吃饭呢，就是以前……（梁：认识的。）就是头一次见面的，就是说他从日本回来以后呢，他是在报社工作了，是吧？

梁：对，先是叫《晨钟报》，后来叫《晨报》，后来他又脱离《晨报》。

艾：就是您头一次认识、头一次见面，是不是在报馆那边啊？

梁：不是，主要的关系还是从章行严这来的。因为他不是说他很崇拜章行严（章士钊）先生啊，章士钊请他做家庭教师啊，这么样开头的。

艾：所以也是您去看章先生，李先生也在那边啊，所以……

梁：记不太清楚，关系总是那么样来的。

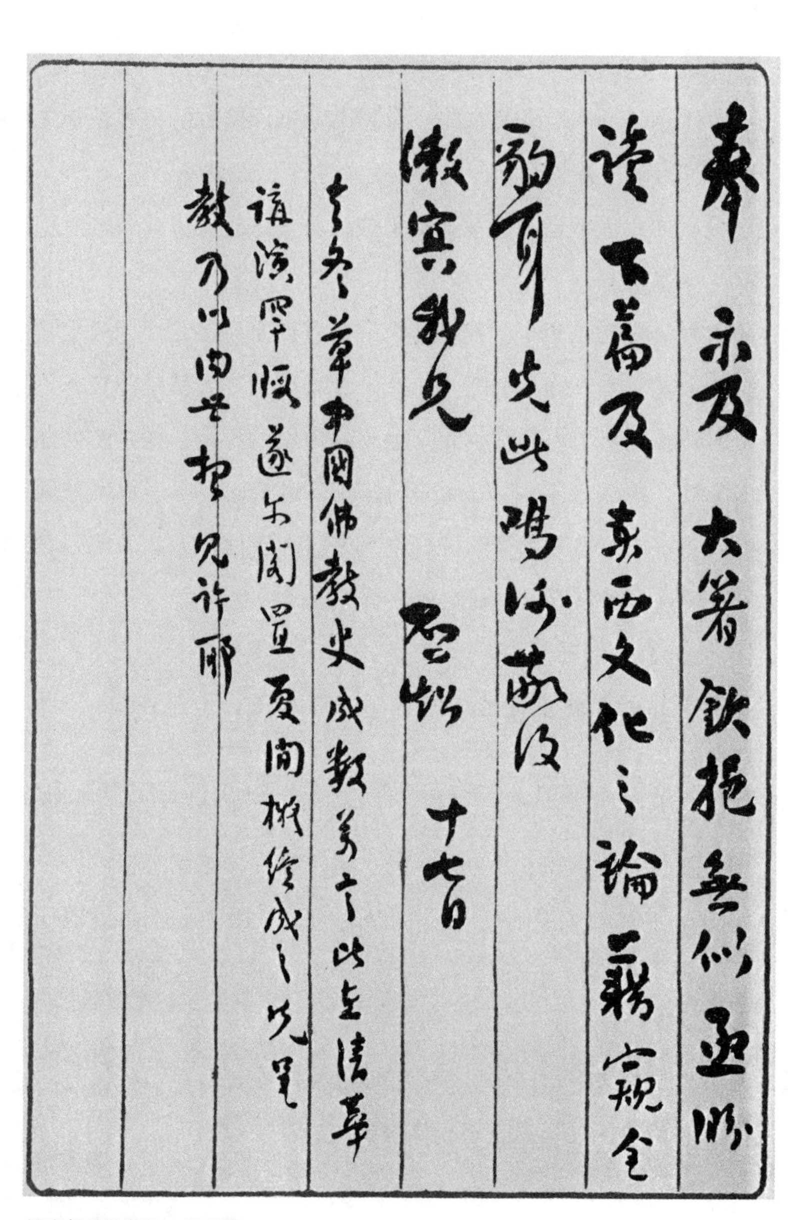

奉 示及 大著欽挹無似亟盼
讀 下篇及 東西文化之論藉窺全
豹耳 先此鳴謝敬復
漱冥我兄 啓超 十七日
去冬草中國佛教史成數萬言比在清華
講演罷假遂尔閣置夏間擬續成之尤望
教乃以內典相見許耶

梁启超致梁漱溟 1920 年

结识梁启超："我们父子都崇拜梁任公"

艾：那也是很早认识梁启超啊，他去拜访您好像，也是……

梁：民国九年（1920），梁启超。

艾：所以比较早就去找您啊？

梁：到我家去看我嘛。

艾：就是他看过您的著作啊，所以是这个关系的？（梁：对。）就是您一直和他维持关系啊，您去广州还是和他通信，就是您回来他已经去世了？

梁：对，民国十八年（1929），从广东回北方时候是民国十八年，他就故去了，梁先生就故去了。

艾：您和他差不多有十年的……

梁：对，跟他的关系，他号叫任公啦，梁启超号叫任公，任公先生当然是在国内、国外都享大名的。言论界虽然康梁并称啊，他比康还有名啊，大家都崇拜，我也是很崇拜他。我父亲和我都爱读他的文章。他一生都是办报了，最早的报叫《清议报》，后来在上海出版叫《清议报》，后来在日本东京出版的叫《新民丛报》，《新民丛报》好像连续出了很长的时间，出了有三年多。《新民丛报》之后，不知道怎么就停顿了。隔了一段时间他再出一种报叫《国风报》，第三种是《国风报》，《国风报》还是在日本东京出版。后来辛亥革命成功了他也就回国了，从海外、从日本回到国内了。在天津出版的报叫《庸言报》，“四书”有《中庸》啊，第四种叫《庸言报》。

他跟我的关系呢，就是一方面我是很崇拜他，我父亲特别崇拜他。我们父子都崇拜梁任公。后来我父亲故去了，我住在崇文门家里头，忽然一天来了客人。那时候北京都还很早啊，那时候我才二十八岁，现在九十一岁了，多少年了。那时候北京很少有汽车，特别这个小汽车不多见。那时候就是忽然有一辆小汽车开到我家的门口，下来四个人，四个客人，一个客人就是梁任公，跟他的大儿子，叫梁思成，他们父子俩；还有两个客人呢，一个叫蒋方震，蒋百里先生，军事学家，再一个是林先生，林宰平先生。主要是林先生领着他们来的，因为林先生跟我相交早，跟我相熟。林先生也是比我大啊，大我十四岁呢。林先生学问好，人品好，大我十四岁，也是我的前辈啊。尽管他是我的前辈啊，可是他先注意我，我没有想去见他的时候他先就托人告诉我，转达他愿意跟我见面。

艾：您那个时候也还没有出名啊，他怎么……

梁：没出名，也算有点小名了。

艾：就是已经发表了……

梁：《究元决疑论》了，那篇文章它引起很多人注意。再者呢，林先生他也是好这个佛学，那么他听人说我讲求佛学，所以他就托一个朋友，刚好那时候我在司法部做事，做司法部秘书，他托一个司法部的参事，参事比秘书位子还高一点。比如司法部部长当然第一位啊，副部长第二位，参事有四个人，第三位，比参事位子更低一点就是秘书，我是秘书。参事里头有一位姓余的，他跟林先生相熟。林先生就托余绍宋转达告诉我，想见面，这么谈谈。所以经这个余绍宋介绍呢，我就跟林先生见到了。见到他也还是主要喜欢问我的佛学，那么这样开头。后来不刚才说到嘛，林先生领着梁任公父子加上蒋百里，他们四个人来到我家看我。那是民国九年吧，八年还是九年的样子。

艾：那么他们来了，您就出来跟他们……他们有没有说他们来的目的，还是我们来就是跟您讨论佛学啊？（梁：是。）那天很谈得来啊，梁任公跟您很谈得来啊，所以以后还是跟您有来往，是这样吧？（梁：对。）您和他比如见面也好，通信也好，多半的话题、题目是佛学方面的？

梁：主要是佛学，就是任公先生啊，他好佛学，不是有个大有名的人叫谭嗣同啊，他们是朋友，也都是好佛学。人家就是说梁某人是佛学家，那么他就来看我，看我，谈，想谈佛学。

艾：所以比如您去广东的时候，梁任公先生还在北方，您还是和他通信。那时候信的内容还是佛学方面的？

梁：那倒没有谈佛学了，信也很少了，但是通了信。通了信呢，我记得是为他家乡的事。他不是广东人嘛，他的那个县叫新会县。

（保姆：还有二十分钟，多来两次没有关系……关键是你今天吃的东西少了，今天只吃了点牛奶，点心都没吃，原来是吃点香蕉啊，点心什么的，今天只吃了点牛奶，点心都没吃……还有20

分钟……）

艾：……您是还是没有口味，还是不想吃什么东西呢？

梁：对了，吃东西不香，不大爱吃东西。但是都还是吃，不能不吃。

艾：连您本来最喜爱的东西也不想吃？

梁：我喜爱的东西很简单，主要的就是牛奶啊，鸡蛋啊，蔬菜啊，豆腐啊，这四种。

艾：我知道，都是比较简单。（梁：清淡。）那您不吃东西，那这样怎么好呢？

梁：没关系，这很够了。人家问我养生之道，我就常说四个字，“少吃多动”。吃东西不要多吃，可是身体要多活动，少吃多动。特别是少吃里头啊，不吃肉类，不吃动物，鸡啊，鱼啊，猪肉啊，羊肉啊，牛肉啊，鱼虾啊，动物都不吃。我觉得这是我能够好像少病吧。

艾：对，您好像一直都很健康的，就是失眠的问题是本来有一些，这以外也没有什么病吧？

梁：没什么病。

艾：现在西医也是这么说，就是说尤其是年纪大了，越瘦越好。

梁：对，北京有一句话叫作“难得老来瘦”，老了之后人瘦啊，好，很难得。

艾：是这样的，当然了，很重要的因素也是遗传啊。比如有的人他们这个生活方式按道理根本不应该让他们活很久，不过您看章行严先生他不是抽鸦片啊，赌博啊，有好多这种不好的习惯，不过他也活得很好啊，所以遗传也是很重要的因素啊。这个梁任公先生啊，您说正好您从南方回来的时候他已经故去了。

梁：才 50 多岁，大概 56 岁的样子。

艾：那还算是年轻的啊。所以一直到那个时候，他家有一件事情想请您帮忙啊，所以您也许是帮了这个忙了。（梁：对。）以后因为他已经去世，你们就没有来往了。他的儿子，（梁：梁思成，我们还见面，跟梁思成还见面。）他以后做了有名的建筑师，我的老师，美国人啊，费正清也是跟梁思成比较熟了，重庆抗战的时候，好像认识的。他也已经去世了。

梁：梁思成也故去了。他弟兄很多，有梁思永，梁思什么，好几个呢。梁思成是老大，在弟兄里是老大。

艾：严复的孙女，现在在美国，她是在美国的一个大学，您和严复先生也是有……

梁：接触不上，他是老前辈了，大学问家。

艾：不过我的印象是，顺天中学，也是算是跟他有关系的吧？

梁：没有。他是这个……

艾：是跟林琴南有关系的吧？

梁：林琴南也没有在我们那个学校里教书。当时学校制度还未定，那个老中国——清朝啊，这个什么比如小学啊，初中啊，高中啊，专门学校啊，大学啊，这个学校的制度还没有，可是热心的人呢，主要就办起了一个叫"五城中学党"。五个城市，五城大概就说是北京的五城，又办起了一个顺天中学。这个办五城中学党又办顺天中学的人，什么人呢，是福建人，叫陈璧。沿海啊，福建、广东的人啊，最先接受外国的文化潮流。所以严先生，严复老先生，他也是福建人。我们中学里头，教英语的，教英文的，是天津人，但是也是严先生的学生。因为严先生在天津办水师学堂，水师实际就是海军啊，从前老名词叫水师学堂。水师学堂的学生，我们教英文的老师，是天津人，姓余，他就是水师学堂的学生。

艾：所以就还是有关系？

梁：有关系。

懷念我敬佩的陶行知先生

頃者戴自俺、劉大作兩位同志為陶行知
先生誕生九十周年將出版紀念冊專訪
問於我，要我寫一些追懷回憶的文章。我少
於陶先生一歲，今既八十又九，腦力衰頽，筆
墨遲鈍，然而我又何敢辭謝不敏呢？想到
我親切接識的並世人物而衷心折服者不
外三个人，而陶先生實居其一。其他二人便是
毛澤东主席和周恩来總理。莫笑我把服
務社會的教育家和秉國鈞的政治家毛

梁漱溟《怀念我敬佩的陶行知先生》手稿　1981 年

“别忘了你是陶行知的学生”

艾：1980年您跟我讲，对您公子培恕常说“别忘了你是陶行知的学生”。我记得这件事情您好像没有跟我讲是怎么发生的，他怎么做陶行知的学生的？

梁：陶先生原来最出名的，他是办这个晓庄师范，在南京城外，地名叫晓庄，他办晓庄，晓庄又特别（起）名字叫作“乡村师范”。那时候起初都叫师范学校，没有什么加上乡村两字，陶先生注意乡村，他这个人有眼光，他是留美的，好像是杜威的学生吧。

艾：可能吧，反正他非常欣赏杜威的理论。

梁：但是他回到国内做南京大学（应为南京高等师范学校——整理者）的教授啊，他就辞了教授，不穿西装了，穿农民的衣服，穿草鞋，到农村里头，自己领着青年学生创办晓庄乡村师范，跟农民要打成一片。这个人好啊，陶先生人好啊。

艾：怎么您的公子啊，培恕，他怎么……

梁：那是后来了。我是就去晓庄这个陶先生那儿去参观过了，我就佩服他的精神，我就请他介绍，介绍我在山东乡村办乡村建设，乡村建设研究院，请他介绍教师给我。他前后介绍了三个人，介绍了一个叫潘一尘，介绍了一个叫张宗麟，又介绍了一个叫杨效春。都是我跟他要，我说你帮助我，你介绍你的学生，懂得你的教育的人，请到我那儿去，帮助我。

艾：所以这三位原来是在晓庄师范学校的学生啊。（梁：教员。）哦，那边的教员，所以他们以后就到山东去。

梁：对，我请他去的，张宗麟、潘一尘、杨效春都去了。不是一齐去的，先后。

艾：那您头一次去参观晓庄啊，是民国十八（1929）、十九年（1930）那个时候。

梁：对了。

艾：那个时候山东那边，邹平那边还没有开始。

梁：还没有。

艾：所以您跟他要人才的时候是以……

梁：我从广东出来的。

艾：不过从广东出来那个时候呢，也是先在河南的村治学院吧？

梁：没有，没有。从广东出来，我在广东想办一个叫作乡治讲习所。想办乡治讲习所，把什么事情都准备了，我就还想出来考察一下，多参考一下，我这样子离开广东就各处参观考察。晓庄呢，陶先生那儿，是考察的一个地方。

艾：那么就是说头一次去，那次去，跟陶先生见面，您就是说请你给我介绍啊？

梁：那后来了，请他介绍帮忙那已经是我在山东开始工作了。

艾：所以以后就是培恕啊，是怎么……

梁：到了四川了。日本侵略中国，华北、华东都沦陷了，我们都撤入四川了，重庆附近有一个地名，叫澄江镇，小地方叫草街子，陶先生在那儿办一个学校。陶先生办什么学校啊，他都是收的……那个日本人来了之后各地方人不都是逃难啊，有些儿童跟家庭失落了，他这个小孩啊，他失落了一百多。好啊，陶先生就把一百多小孩带着，到四川，到澄江镇草街子，办一个叫育才中学（应为育才学校。——整理者）。我看他，陶先生的这种精神好，佩服他，所以我就让我第二个孩子，叫梁培恕，也去参加草街子那个小学。

艾：哦，现在明白了。所以那个时候培恕是十几岁？

梁：大概十一二岁。

艾：谢谢，这就明白了。那时间差不多，我……

李大钊是个看似温和实则激烈的人

梁：北京的气候跟你在美国比较，差不多？

艾：北京的跟芝加哥的，就是我现在住的地方比啊，北京比较干啊。芝加哥是内地的一个地方，可是在我们美国有五个大湖，是在大湖的岸上，所以总是比较潮湿，夏天也不舒服，冬天也不舒服的，就是因为太潮湿了。不过温度嘛跟北京差不多，就是我还是穿这件衣服，我也不大怕冷。

梁：你身体壮。

艾：我身体是有一点过分地胖，我是正想减肥啊。

梁：胖不好，可是强壮好。

艾：不过我知道我是过分地胖，我的衣服多半都是紧一点现在，所以就是应该减一减了。在美国差不多每一个人都想减肥了，也是很有意思的现象。就是美国的美丽的标准是跟中国传统美丽的标准恰恰相反的，就是说越瘦越好，越黑越好，就是晒黑了也算是美丽的。中国传统是说胖一点、白一点算是比较好看的，美国就是正好相反的。美国减肥的人真是太多了，算是全国的一种风气。还有好多食物是故意把热量拿出来，就是提（取）出来的，比如各种食物，有这一类的，叫减肥这个减肥那个的，比如汽水啊，他们用一种化学品代替糖，吃起来还是很甜。这以外也有很多减肥中心啊，就是你去那边啊，多半是妇女，你去那边啊，给你规定饮食啊，让你每天运动啊，他们那边运动很重要，有很多运动设备。所以美国各方面的问题啊，都是跟中国不同，美国的问题就是过分地富啊，可以说是浪费的，其实美国的大胖子也很多了，你可以在街上看见啊，胖到可怕的程度了。也不一定是年纪太大了，像三十几岁的妇女啊，她们会吃成两三百磅，常常是吃的甜的东西太多的关系，美国能控制自己口味的人啊还是太少。美国富了，所以大家是想拼命地享受。尤其是这几十年来，美国的这种享乐主义的气氛非常浓了。其实恐怕也不只是美国是这样的，所有早就工业化的国家，比较富足的国家啊，都有这种现象。中国尤其是这几年我看啊，也是看起来越来越富的样子了，各方面有进步啊，改进啊，将来也会有这种问题。就是教育啊……

对不起我这谈的，对不起，对不起。我们昨天也讨论过李大钊先生和您的关系啊，您说您去北大以前已经认识了，北大那个时候也还是跟他有来往的。您说梁任公先生对您来说，就是本来去想认识您的原因啊，因为他对佛学很感兴趣的。那李大钊先生和您也是做了好朋友啊，他是对哪方面比较感兴趣啊？

梁：他对佛学毫无兴趣。

艾：他和您一起是讨论什么问题啊？就是你们讨论问题的时候，常是讨论什么样的？

梁：就是彼此朋友感情好。他是做北京大学图书馆主任，我要上北京大学教课，教课之前早到个几分钟吧。要上课了，就是早到一些。早到的上课的前几分钟吧，我总是去李大钊那个图书馆主任室，我进去的时候他也不打招呼，因为太熟了，他还办他的事，他不动。他有时候他管很多图书啊，新的书来啊，他认为需要，可值得看的，需要看的书，他就不说话递给我。那么我就看，看的时候我如果有兴趣啊，我就告诉他一句，我说我带回家去了，回来我下次再来还，他也不言声。我就出去上课了，他也不送。所以彼此熟得很，感情好得很。

我就是在中国说啊，我算是结婚晚，因为我想出家为僧，不想结婚，所以母亲曾经病重了，她要给我订婚，就是说有个女孩子她看着好，她要给我订婚，我拒绝。那么父亲呢对我不想结婚呢，不高兴，因为中国人他总是喜欢要有后代。我的哥哥呢，结婚十年没有孩子，所以他也希望我结婚。可是我就是老想出家当和尚，不要结婚，我父亲他不勉强，他随我，所以等到后来，我还是结婚了。我结婚的时候离我父亲故去啊，已经三年了，所以他希望我结婚，没有看到我结婚。三年之后我又结婚，我结婚就像刚才说过的，二十九岁结婚，那么比我哥哥妹妹他们结婚都晚很多，二十九岁结婚。

艾：我们刚讨论的李大钊先生和您的……

梁：对，我补充一下。我要结婚呢，我就跟李先生，我到家里头我去看他，我说我告诉你，我要结婚了。他说结婚的事情是我二十年前的事情。我说你怎么那么样子呢。他说他结婚的时候才十一二岁，太小。我说哪里有这样子的事情呢。他说因为他父母生他的时候，母亲生他的时候，父亲先死，母亲生他下来呢，母亲又死，他说他是一个没有见过父母的孩子，他的祖父母把他养大。祖父母把他养大呢，祖父母自己觉得年老了，就说早一点给他结婚，并且……这个不是很好……

艾：您也认识这个夫人？

梁：我认识，他夫人啊，在他祖父、祖母死了之后啊，就对李大钊说，家里头的事你不要管，你要出去求学。所以这样子啊，他是河北省乐亭县人，乐亭县属于永平府。乐亭县本县里头有小学，没有中学，中学在永平府，永平府就离家远一些。他的夫人就说，好了，你去永平府上中学吧，他就去永平府上中学。去永平府上中学之后呢，又升学到天津，到北洋法政专门学校，学法政。从法政专门学校呢，朋友帮忙送他去日本留学深造，还是学法政。

那么这个就不说了，回头再说一下，他不是参加这个共产党嘛，那个时候的共产党是国共合作的时候，表面上还是用国民党的名义，实际上是共产党。那么这个时候呢他们的这个党务啊活动事情很多，很多青年都要加入他这个党，青年学子。我不是跟他很熟吗，我有一次就去看他，他住在什么地方呢，住在北京的叫东交民巷，旧的俄国使馆里，我去看他。进去一看啊，满屋都是人，都是青年，排好了，一个先跟他谈话，这个谈话完了走了，另外一个再来，多半都是要入党的，要找他谈话。我看他很忙啊，我就跟他点点头，他也不管我，知道我也没什么要紧的事，我就转一圈，我就走了。哪里晓得，转一圈走了之后，不久他就被捕，没有两天就被捕。那个被捕就是张作霖捕的，张作霖那个时候叫作大元帅，那个时候北京没有别的，就是他成了政府了，成了中国的政府了，就把他捕起来了。捕起来的时候，因为他的家眷，他的夫人、孩子也都在一起住，也就一起被捕了。

他不是……我说过了，他跟章行严很好嘛，他做过章行严的家庭教师嘛。那么章行严呢，又跟张作霖的参谋长叫作杨宇霆很熟。我就去找章行严先生，我说我们的朋友李守常被捕了，连他的家属、孩子都一起关起来了。我说这个李大钊本人呢，大概没有希望可以保出来，但是他的家属啊，他的夫人、孩子没有罪啊，我说我们先把他的家属给他请求保出来，让他，让李大钊本人啊，死的时候啊，没有牵挂。可是章行严先生他不明白，他说他有办法，他跟杨宇霆去说，他也可以保李守常不死。我说不行，后来果然是这样，那保不了。一直到把这个李大钊啊，拉出去绞刑，才把他夫人、孩子放出来。

艾：所以您最后一次看见他就是那次去……

梁：就是他很忙的那个时候。他死的时候不是他一个人死，死了二十多个人，追随他的有一些青年，女的、男的都一同被捕了，大概死了二十多个人。可是倒是他那个大的男孩子跟他夫人没死。大的男孩子叫李葆华，那个时候十五岁了，他父亲死的时候李葆华十五岁。他叫朋友啊就赶紧保护，把李葆华送到日本去，送到日本去留学。后来李葆华很好，也算是很早的共产党啦，所以后来回国在党内工作，地位很高，做安徽的省长什么的，还做好像什么银行的行长，叫李葆华。

艾：您和李大钊先生一起讨论问题的时候，多半是哪方面的问题啊？政治呢，思想……

梁：就是奇怪的一点，是什么呢？他从来没有说一句话啊，劝我加入共产党。我不明白，大概他看我不合适，不够程度。

艾：也没有跟您讨论过这个马克思主义啊，讨论过共产党的事情啊？

梁：没有。他知道我好像也可以看这一面的书，看这个马克思唯物史观的书，他介绍旁人呢入党，但是没有向我说过一句话，就是你也入党吧，他没有说过。不晓得他为什么，大概他看我不够程度。

艾：这什么意思，我也不太懂啊，起码他应该你们讨论别的事情的时候也提到共产党这件事，奇怪了。

梁：彼此没有讨论，没有讨论这个共产党的组织，没有讨论。那个时候啊，他主持一种刊物，叫作《每周评论》，每周就是一个礼拜出一大张，里头都是比较评论的东西，叫《每周评论》。这个他很热心，对《每周评论》很热心，但是他也没让我说你写点文章吧，他没有。

艾：那他有没有讨论您的著作啊，就是您发表的文章啊？

梁：他没有。

艾：也没有讨论他自己所写的文章啊？

梁：他给我看。比如他那个《每周评论》他发表的文章啊，他递给我看。他忙得很，他不说话了，来不及说话了，拿起来递给我，我就接过来看。我有时候喜欢看，我说我带回家去看，他点点头，第二天我再给他带回来。

艾：依梁老师看啊，依梁老师的分析啊，他为什么决定组织共产党啊，他为什么转入到马克思主义，他的思想为什么有这种演变啊，有这种……因为您是很早就认识他了，也是很早就了解他了，依您看，为什么他这种人会……

梁：他在北大啊，他不是图书馆主任吗，同时也教课、讲课，他讲课讲的什么课呢，就是讲马克思的唯物史观，这个是属于历史系的。历史系有一门课就是马克思的唯物史观，他就讲这个东西。

艾：不过以前，就是说最早的，您刚到北大那个时候啊，是否就觉得他对马克思主义有特别的兴趣啊？

梁：他什么时候开始有兴趣我说不上，现在还有一个人啊，也是当时在北京大学历史学系，叫陈翰笙。现在我们住的这个叫22楼，对门的24楼，陈翰笙先生还是住24楼，他也是北大的教授。他是讲历史的，他也算是……大概他没有入共产党，可是他也喜欢讲马克思主义的唯物史观。

艾：那陈独秀先生，您分析他的这个思想的改变啊，是怎么，就是他为什么对马克思主义啊，唯物史观啊，发生兴趣啊？

梁：这个，陈独秀这个人是很特殊的。大家，所谓大家就是我说北京大学的同事，一同在北京大学教书的，同事就另眼看待他，觉得这个人很怪，脾气很大，喜欢骂人。他是被蔡先生选择担任文科学长。那个北京大学呢，除了文科之外呢还有理科，还有法科。有的时候开这个教授会议，文科学长呢就是陈独秀；理科呢姓夏，夏元瑮先生，他是留学德国的；法科学长姓王，王建祖。开会议，教授会议，陈独秀不过是文科学长，他常常对理科学长啊，法科学长啊，当面就骂他，好像那么不客气得很，大家都怕他。

艾：那他陈独秀跟这个两位，王先生、夏先生，本来是发生什么冲突才发脾气呢，还是……

梁：我说不清楚。我的意思是说陈独秀这个人呢，脾气很怪，不是很平和，不是很温和的人，有时候也不太讲礼貌。总之有这个毛病。

艾：就是脾气暴躁得很，容易这个……那他有没有跟您发过脾气呢？

梁：我就躲着他啊。没有发过脾气，我躲开他。（笑）

艾：他一直都是这样的？

梁：所以他在北京大学这样就站不住，是吧，大家都怕他，不喜欢他，只有蔡校长信任他、维护他、保护他，不过后来也是保护不了，保护不了，所以他在北京大学好像没有很久就离开了。保护他一个重要的人呢就是李大钊。好像陈独秀啊，他就是在散传单吧，传单可能是攻击政府的，就被捕了。他也是北大的教员嘛，所以蔡校长就去保释，把他保出来，就是李大钊陪着他，把他送出北京。坐一个车——从前北京的车还是骡子车，骡马——把他送走。

艾：李大钊先生本来是一个很平和、很温柔的人，陈独秀先生正好相反，脾气大啦，容易骂起来的。那李大钊怎么……

梁：明白。李先生你看上去是温和的，说话总是很平和的，总是都有点笑容的，对人都很好。可是实际上这个人很激烈。他有时候领导着学生到街上去游行，那你看他就不同了，他像疯狂一样，很厉害。

艾：所以我的意思是陈独秀先生他脾气这么大，什么人都怕他，那李先生怎么不怕他，怎么可以跟他谈得来啊？

梁：对了，他们两个很相好。

艾：依您看，他们两个是怎么……

梁：思想上。那个时候还不叫共产党，那个时候成立小组，共产党还没成立，共产主义小组，后来在上海成立共产党。成立共产党，第一名领袖就是陈独秀了，那时候就有毛泽东，有董必武，有李大钊。

艾：对，那是 1921 年 7 月份啊。因为李先生也没有劝您入党啊，所以这些事您都不晓得，不晓得在上海成立了……

梁：不清楚。

艾：您说李大钊先生是很不喜欢佛学？

梁：他不谈。

艾：他喜欢比如儒家方面的东西吗？

梁：他也不说。

艾：他对中国文化好像是比陈独秀，怎么说呢，好像是重视一点啊，尊敬中国过去有的、固有的文化。陈独秀好像是一律都要……

梁：大概陈独秀在北京大学时候发的言论啊，他是对这个儒家，对这个孔子吧，他是这样说，他说这没有什么啊，他们说的话没有说坏话，没有说不好的，就是一种平平常常的道理，不新鲜。他是这样说，没有革命的味道，没有不好的地方，可是平平常常。也就是说缺乏两样东西，现在我们主要是两样东西。那个时候北大就说是这两样东西要紧。什么东西呢？一样他叫作"德先生"，德先生就是democracy；还有一样呢是科学，science。中国缺乏这个啊，孔子也没有什么不对，但是他缺少这个东西。那个时候的风气啊，那都有同情他这个话，佩服他这个，说中国缺乏science和democracy。

艾：李大钊先生是比较早注重乡村问题，起码他在北大的时候写了一篇文章，鼓励年轻的知识分子到农村去，有这么一篇文章。不知他有没有和您讨论过这类事情，就是农村问题？

梁：没有。他就是，你也知道啊，章士钊先生他注意中国的农村问题，农村立国。

艾：是的，他是一九二几年，1921、1922年，就发表那两篇文章了，我记得。所以在北大那个时候，依您看，就没有人特别注重农村问题，特别把它当作很要紧的事情啊？

梁：没有。

艾：我的印象是您很早啊，可能是认识陈独秀以前，已经跟他稍微有点……不是笔仗啊，好像他发表一篇文章啊，您也好像是批评他啊，也发表了一篇文章，就是关于佛学的。就是比较早，民国七年，或者更早，是民国六年了。

梁：他好像是关于宗教。

艾：哦，哦，那是宗教，对，对，对，对。您的那篇文章好像是讨论的就是佛学、佛教，这篇文章不知道您记不记得，不大记得吧？我是看过，我记得是看过，详细的内容就是不太清楚，我不太记得。我记得您是在什么期刊，看见陈独秀先生发表的文章，批评宗教啊，您可以说是以佛教徒的立场啊，也是写了一篇文章。

梁：那时候是这样的，在北京大学啊，在蔡先生的领导下啊，很多组织，大家可以联合起来，学生联合起来创造一个什么，那么……反宗教大同盟。反宗教大同盟啊，因为我不是讲佛学嘛，就问我，我们反宗教大同盟，愿意倾听你的意见，希望你讲演。我说好，所以我就为这个反宗教大同盟作了一个很长篇的讲演。我记得那次讲演的时候啊，他是请两个人，都是讲这个宗教问题的题目。除了我之外还请了一个人，还请了一个人也是有名的人，叫作李石曾。就安排这一天啊，请这个李先生跟我两个人讲演。那么我到得早一点，就请我先讲。我讲起来话就很长，越说越长，以至说太长了没有给李石曾说话的时间了。那个讲演就是在反宗教大同盟召集的那个会上讲，这个讲的话后来我也收在我那个，我讲的那部分收在《东西文化及其哲学》里头。

同盟会往事：刺杀良弼、袁世凯

艾：您和李石曾有没有别的接触?

梁：也来往，并且来往很早。怎么很早呢，就是在北京大学之前，就是辛亥革命，辛亥革命的时候我就算是还不满二十岁。那么这个时候呢，就有孙中山先生领导的叫作中国革命同盟会的京津支部，头一个京是北京，第二个津是天津，那么我们都是这个里头的，都算是京津同盟会的会员、党员。这个京津同盟会呢，当时领袖是三个人，第一名领袖呢是汪精卫，第二名呢是李石曾，第三名呢是叫魏宸组。这个李石曾呢，他是当时清朝末年大官僚，地位很高啊，大学士，大学士就算是很高的官了。李鸿藻的家里头的人，李石曾呢是李鸿藻的小儿子吧。他父亲是一个大官僚，很大的大官僚。不知道怎么样子，他随着中国派去欧洲的那个使臣啊，出国了，他随着出去了，出去了大概主要是在法国吧，他变了。他就跟他那个家庭啊，大官僚的，就不同了。他就有那个革命思想，有新思想，他跟那个海外的孙中山先生领导的人就来往了，跟孙先生就相熟了，所以变成革命派了，他本来是大官僚的儿子。这个人很好，别人称他那个大官僚父亲叫李高阳，因为高阳是他那个县，他是高阳县的人，县不大，离保定很近，离北京不是太远。

艾：所以您参加了同盟会的时候，也是跟他见面的？

梁：对。刚才说嘛，第一名是汪精卫，第二名就是李石曾，第三名是魏宸组。那么说一下汪精卫，怎么样说他呢，他是跟一个四川人，姓黄的，这个汪、黄，那叫黄什么来着，四川人，这两个人都是在清朝末年，光绪已经死了，光绪皇帝死了，那么已经是宣统了。宣统是小孩，所以宣统的父亲叫摄政王，这个摄政王他自己有他的王府，住的地方，他天天要上朝，主持朝政，因为皇帝太小嘛，他是摄政王。这个他要从他的府进宫，路过的地方有个路线了。这个汪精卫啊，哦，我想起来了，名字叫黄复生，黄复生是四川人，汪精卫、黄复生两个人呢，就要刺杀这个摄政王。刺杀摄政王呢，就知道摄政王天天要从摄政王府坐着马车进宫，那个路线，经过那个地方，有个小桥，他就在那个桥那儿埋这个炸弹，要炸这个摄政王。当然他们是夜里头去搞那个事情，他以为夜里头黑啊，没有人啊，还是被人发现了。被人发现了他跟黄复生两个人，汪精卫跟黄复生两个人就被捕了。

被捕按普通情形下说，他要刺杀摄政王，这是一个大罪名啊，是要杀头的。没有，没有杀他两个人，把他们两个人就是关在监狱里头。摄政王没有杀他们，反而就是把他们关在监狱里头。没有杀他们把他们关在监狱里头呢，到辛亥年革命来了，清朝的贵族都是胆小啊，怕事啊，怕这个革命党。所以就把袁世凯找出来了，把袁世凯找出来，袁世凯就到北京做内阁总理大臣。

那么袁世凯呢，就把这个汪精卫跟黄复生啊，都放出来，从监狱里头就放出来了，就利用他，用这个汪，你是老革命啊，我现在要跟南方议和，跟革命派要议和，你是老革命派，我要跟南方议和，那么好了你可以做中间吧，联络。所以他这个京津同盟会呢，第一名的领导人是汪精卫；第二名是李石曾，李石曾也是在欧洲参加了孙先生的革命的；第三名是魏宸组，是一个湖北人，很能干的一个人。我们都是学生啊，主要的都是学生，不过学生里有文学生，有武学生。什么叫武学生呢，就是有保定军官学校，保定军官学校的学生，培养出来做军官的。我们文学生、武学生什么的都是参加这个叫作京津同盟会，都是请这个汪精卫领导。汪精卫第一名，第二名李石曾，第三名魏宸组。

后来这个就在这个组织里头，出来两件事情。一件事情是什么呢，是这个清朝那个时候嘛是宣统年啊，宣统本人是小孩，那么从那个醇王府啊把他过继出来嘛，做小皇上。他的母亲呢，就是光绪的皇后，过继算是光绪的孩子了，那个皇后呢叫作隆裕皇后，这个时候就是太后了，宣统算是小皇上，按北京说法叫作孤儿寡母。这个袁世凯坏得很，他就欺负他们这个孤儿寡母。怎么欺负呢，他就说革命党好厉害啊，他们的要求很大啊，不能不让步啊；可是一方面呢，他又站在清朝方面，我是内阁总理大臣，跟革命党说，你们不行，你这个要求太过分。他是两面讨价还价，袁世凯这个人他就是这样很坏。因为他很坏嘛，就先头说有两次这个刺杀的事情。一个刺杀呢，是刺杀这个良弼。良弼呢，是一个满族人，皇室的满族人，他是在日本呢学陆军的，回来嘛他也就算是军官。他这个人呢不像其他的贵族那样子呢怕革命党，他要打，要打仗，主战，他不主张让步。那么所以啊，我们这个京津同盟会啊，就要刺杀这个良弼，刺杀这个主战的人。

就在我们这个京津同盟会里边呢，有一个同志，叫彭家珍。我也不太清楚，说不太清楚，不知怎么是派他啊还是他自己愿意啊，他去刺杀良弼。他就居然做这个工作。这个良弼呢，他也算是个高官了，是吧？那个时候北京也没有汽车，最高级的就是马车。这个良弼住宅呢，就在北京的地名叫作红罗厂，这个彭家珍呢，就造一个名片，名片就写一个名字，这边名字上边呢，还有官衔，都是假的，拿着这个名片呢，他就去拜访良弼，到良弼红罗厂住宅那个地方啊，就去登门拜访。良弼那个门口啊，有他的那个门卫啊，就说我们大人呢，还没回来，正在说没有回来的时候呢，可是看见良弼那个马车远远地就来了，回来了，那很好嘛。这个彭家珍就等着马车下来，马车到了，良弼下车，他就把炸弹一扔。一扔嘛，首先呢自己（被）炸死了，良弼也（被）炸掉一条腿，后来也死了。这个工作呢，就是刚才说了，做这个工作这个人叫彭家珍，这也是同盟会做的一件工作。

艾：当时虽然您和很多同学也参加了同盟会，可是也不会晓得他们这个暗杀的计划吧？就是说事情以前，就不晓得这个计划？

梁：至少我不晓得。那时候啊，中国人啊，他跟一般的特别是文人啊，念书人啊，他都是散漫得很啊，不大会组织，事情它不是那么很机密。所以反正这个事情，至少这个事情呢，是我们京津同盟会里头的人，彭家珍是我们同盟会里头的人，干的这样一个事情，可是事先我不知道。刚才是说了一件事情，说了刺杀的一件事情；另一件刺杀呢，就是刺杀袁世凯。因为我们大家呢，发现袁世凯这个人很坏，他一面假借清朝的名义来压这个南方的革命派，又借着革命派威胁清廷，两面他占便宜，他享好处，他总是把大权掌握在自己手里。发现他人很坏啊，就是刺杀他，刺杀袁世凯。刺杀袁世凯这个事啊，也是京津同盟会的一个事情了，一个任务了。

大概负责这个任务的人呢，有四个人，那么有一个布置的计划，知道袁世凯啊，他住在现在北京——离那个东宫市场很近，从前叫东安市场——地名叫外交部街，街道，住在那个地方，是一个洋楼，北京洋楼很少，袁世凯住在那儿。他从那里坐马车进宫，他还有事情呢要去向当时那个太后啊，跟那个小皇上啊，好像要报告一下吧，大概不知道他是每天进宫啊，还是隔一天进宫一次吧，他是坐着马车是要进宫。从他住的那个外交大楼啊，进这个东华门，东华门是进宫的那个门，有一个不太长的一个路线。在他必然经过的路线的口上啊，有一家酒楼，喝酒的楼，那么同盟会有四个人呢，有姓张的，有姓黄的，还有姓什么的，四个人，四个人的名字要是查我大概还可以查得出来。这四个人就在那个酒楼上啊，装作喝酒，可以看到袁世凯他坐着马车啊，要进宫啊，在底下走过。那么他这个马车呢有卫队，保护他的，卫队。卫队呢前头有队，后头也有队，中间是他的马车。前头的那个卫队呢，那个卫队长啊，大概就是他们姓袁的人，骑着马，后面还有，都是保护袁世凯的那个车的。这四个人呢，看见来了就投炸弹啊，投得早了一点，早一点就是说把前头那个，袁世凯前头那个卫队长啊炸死了，可袁世凯坐着车没有受伤。那么就这样嘛，好了，袁世凯就借此就不入朝了，不入宫了，是这个事情。可这四个人呢，投炸弹在酒楼上啊，就被捕了，牺牲了。连那个刚才说那个刺良弼的那个，彭家珍，他们一共五个人吧，都牺牲了。

艾：所以这些事情你们都不晓得，就是说发生以后才晓得。当时的同盟会也不是每一个礼拜开会啊，就是大家都一起啊，当然这种组织是不大可能的。

梁：对。大概人数恐怕有四五百人，人数很多啊，大概有些分成许多小组，分成许多小组，旁的小组的事情我们这个小组常常不晓得。

退居桂林：民主同盟成立前后

艾：我们昨天呢也讲了李济深的事情啊，那我的印象是，有一阵子，抗战的时候，有一阵子您和他两个人都在桂林，就是一起在桂林啊。您那次在桂林结婚啊，他也来担任什么……

梁：那个时候他可能在呢，那是我第二次结婚。

艾：是，我不过是看当时报纸的报告啊，好像他也是，那个词我想不起来，就是一个司（仪）……

梁：……李济深的名义啊，算是蒋的代表。蒋不是被称为蒋委员长，这个委员长是什么委员长呢，是军事委员会的委员长。军事委员会的委员长啊，在桂林设一个办公厅，军委会委员长办公厅，李济深就算是办公厅主任，在桂林的办公厅主任。那么我本来算是桂林人，我特别是在这个香港办报啊，从香港退回来就住在桂林，住在桂林嘛，本来跟李济深就相熟嘛，就常见面。同时呢还有两个人，一个人呢叫李重毅，号叫李任仁——号叫李重毅，名字叫作李任仁——他是广西人，也是桂林人，这是一个。再一个人呢，叫作陈劭先，陈劭先好像是江西人，不是广西人。我们都算广西人。陈劭先呢，他是在那个广西啊这个有一个叫作建设委员会，建设委员会有一个办事的地方，那个地方嘛一般被称为八桂厅，陈劭先是住在八桂厅里头，连家眷都住在八桂厅里头，八桂厅这个地方啊是大家常常聚会见面的地方。我也在这个八桂厅里头住过，八桂厅也有个楼，我在那儿住过。我们——陈劭先啊，我啊，跟那个李任仁聚会啊，李济深有的时候也来，他来的不多，因为我们行动比较随便。可是他呢，他不是因为他地位的关系啊，他的行动为人所注意啊，所以我们商量的事情都有他参加，可是他不一定每次他都来。那么常在一起商量事情的呢，就是陈劭先、李重毅、我，这么样子。

艾：那你们聚会的时候多半的是做什么？讨论啊？

梁：就是谈应付这个大局啊。

艾：哦，就是抗战啊？

梁：抗战是一面，主要的是对付蒋。还有呢就是主要的有右翼、有左翼啊，左派、右派啊。左派嘛就是共产党，那时候共产党也都有人在桂林。

艾：哦，在桂林也有，就是公开的呢还是……

梁：半公开。那是抗日的时候啊，那还是一般地说嘛，还要说国共合作啊。特别是我们从香港啊，香港被日本人占领了，香港陷落了。在香港的中国文人，也包含政治——奔走政治上的人吧，外国人士吧，那么因为香港被日本人陷落了，都退回内地了。比如说那个，那个叫什么名字啊，有名的人，姓田，那个叫什么，（艾：姓田？田野的田啊，是作家吗？）作家啊，文人啊。（艾：田汉。）哦，对对，田汉，田汉啊，还有一个叫欧阳予倩，他们都是文人，搞戏剧什么，欧阳予倩，都是很有名的，还有很多人。他们本来都在香港，有一阵子在香港，有的在上海，都撤退到了桂林。

艾：都到桂林了。我记得看报纸的报告啊，您婚礼的事情，好像有很多很多高级知识分子、文人啊都在场，就是报纸上也描写这个情况啊。他们也是写诗啊，就是为了庆祝婚姻的事情，起码报纸是这么报道的。

日本人那个，是1944年日本人也攻击了桂林了，那个叫作“一号作战”的战役啊，日本人也来了，您不是跑到那个叫八步的地方了？所以那是比较乡下的地方了？

梁：那个属于贺县，有一个地名叫八步。

艾：所以您在那边也住了一阵子？

梁：很多旁人也住在八步啊，不是我一个人。很多从那个各地退回来的，比如像是那个廖承志的母亲，廖仲恺的夫人，何香凝，那个老太太，还有什么先前在北京的什么千家驹，还有很多人，也都住在那儿，都住在那个八步。

艾：就是一个小镇，是吧？

梁：一个小镇。

艾：就是这么多人到这个小地方来呢，是怎么安排的，就是谁住什么地方啊，是什么样子的？

梁：刚好那个时候住在八步的，有一个政府，有一个机关，政府机关呢叫作专员公署，行政专员，行政专员就是说在省政府下，比县又高，行政专员公署。有一个行政官员，这个人姓李，叫李新俊，这个人挺好，他是行政专员。行政专员也有一部分权，也有军队、保安队。刚好他住在那个地方，所以大家去他都给大家安排好地方住。并且当然那个地方也不大嘛，住不开很多人了，可是另外还有一个地方，离那个八步很近的一个地方，大概也有二三十里地吧，有个中学。那么像我呢，跟我那个朋友，叫陈此生啊，我们就住那个中学里头。中学刚才说嘛，离那个八步啊，二三十里，也不算远。

艾：原来您和您的朋友啊，陈此生啊，也和他的家属、您的家属都住在这个中学。就是您的太太、孩子也是跟您在一起的吧？

梁：对。

艾：就是这两家都住在中学？您的家、陈先生的家？

梁：对。那个中学，离那个八步大概二十里的样子。

艾：我记得那几年啊，就是到了桂林以后，您也是在构思，可以说已经开始写《中国文化要义》啊。不过就是这么不方便的，就是在桂林那个时候还好，过后就跑到乡下啊，很烂啊，您还是可以继续写，算是很不容易啦。

梁：就是有点底稿，有点底稿啊，那还是在……好像还没有打仗吧，好像还没有……

艾：哦，已经有了底稿，（全面）抗战爆发以前已经有了一点底稿。

梁：有了一点底稿，我还在广西大学，那个校长姓雷，雷宾南先生，他请我住在广西大学，还讲来着。根据那个底稿，底稿还不成熟，可以有一点纲领了，在他那儿，在广西大学还讲了两个月。

艾：哦，是这样的。

梁：讲了两个月之后才去的香港。

艾：所以去香港的时候啊，书稿已经算是有……

梁：有一点底子了。

艾：香港当然那个时候忙得不得了了，所以您也不是继续写。

梁：对。

艾：好像有一个报告，好像在香港有一次国民党派特务啊，检查、搜查您住的地方啊？

梁：不是那样子的。他是那个，国民党啊主要的就是蒋介石啦，蒋介石起初啊，他是看我这个虽然不是跟他们一样的，不是、不属于国民党，可也不是共产党，好像在中间的，中间派。他觉得这个中间派于他很好，于他也很有用，所以他就喜欢拉我。他拉我的时候啊，他就拉近乎吧，那个时候我已经是发起民盟了，已经发起。拉近乎的时候吧，他就称呼我为漱溟兄，意思是让我靠近他的这一边。我记得那时候我已经从游击区域回来，华北、华东这个游击区域，回到西南，发起统一建国同志会，那时候我去看他，那么这个说明有统一建国同志会这个组织，那么我就说明统一建国同志会这个里头啊，包含了哪些个不同的派系：比如像是张君劢派啊，他们称为民社党；左舜生啊，称为中国青年党；黄炎培啊，称为中华职业教育社；这个沈钧儒这一派呢，就是救国会一派；那么我呢就是被人称作乡村建设派，大概当时有三党三派的，哦，还有章伯钧的那一派，构成六个单位。

这个事情呢，就是这个三党三派呢，在这个基础上，成立这个开头叫作民主政团同盟，后来把“政团”两个字就不用了，就叫民主同盟。为什么“政团”两个字不用了呢？把这个有名的，社会上有名的一些人，他是个人，他不是一个党派，那么也加进来了。特别是一个四川人，有名的，叫张澜，张表方先生，在四川很为大家所推崇、信仰，所以后来我们不是就推他成为民盟的领袖了？可是他没有党派，他是一个人，所以就叫民主同盟，不说民主政团同盟。

艾：那么您这头一次的组织啊，不是刚说去蒋介石那一边报告，我有这么一个计划，想组织这么一个非国非共的……

梁：跟他谈的那个还是统一建国同志会。可是民盟这事情没有向他报告。

艾：是，就是说民盟的前身是统一建国同志会。所以您去向他报告一下您的这个计划的时候，好像是个晚上吧？

梁：对。

艾：好像有王世杰？

梁：对，王世杰陪着我去的。

艾：所以那天晚上您就和他讲这个计划的，他还是想称呼您“漱溟兄”，那，那天晚上有没有说别的，您所记得的有印象的事情？

梁：我就说我们这个组织里头啊有沈钧儒。蒋介石就说，他跟你们不一样吧，他是共产党的外围，就是共产党啊拉近他们这个救国会里头的人啊，不是共产党，可是最近——接近共产党。那个意思就是说，你们好像跟他们还不一样吧，你们不像他们那个救国会那样子靠近共产党吧。可是我把这个，就是说我们这个组织的时候，我也把他，把沈也说在内，他就说恐怕他跟你们不一样。我说是也没有什么，把他拉近一点，跟我们拉近一点，有好处，这个不要排斥他们。那么蒋也很点头。

艾：就是别人他没有提到，就是沈？

梁：他就是说这一派，说救国会这一派，说沈钧儒这一派。这一派有“七君子”的话嘛，头脑有七个人，七个人现在在北京就是还剩一个人嘛，就是一个女的，叫史良。史良她是“七君子”的末一个，她是个女性，她现在算是民盟的主席嘛。只剩她一个。她也不行了，她不能动了，八十多岁了。

东北之行：高岗印象

梁：……就已经到了北京了，已经是中国大陆归共产党了。那个时候毛主席跟我说，那是1950年，他跟我说，他说过去你曾经在河南也做过乡村工作，在山东也做过乡村工作，你比较知道一些、熟悉一些这个当地的乡村的情况。那么，这个呢在我们，在共产党说呢，这个算是新解放区，老解放区呢是东北，就是东北解放啊在前，你可以啊去这个新解放区、老解放区都去看一看。看一看啊，你看看有什么变化啊，有什么不同啊，你也可以多一些个见闻。你有什么意见啊，也可以对我说一说。我说那很好啊，所以我就出去走了一遍。先是还是走的这个内地，河南、山东这一边，后来去东北。就是东北的时候啊，那个东北跟那叫作山海关啊，那地方叫关外，这边叫关内，很不一样。东北啊，那个关外啊，有一个掌军政大权的人，那个叫什么名字，那个叫……（艾：高岗？）对，你说得对，叫高岗。高岗人很高啊，身体很高，满脸的麻子，北京话叫麻子，身体也高。这个我出去刚到东北的时候啊，这个招待的人啊，就跟我说，说我们——他管高岗就叫高主席了——忙得很，没有空啊接待你；我们副主席啊，接待你。副主席是什么呢，副主席名字叫林枫，说我们这个副主席啊可以……

……刚才说这个林枫，他算是东北这个副主席，可是呢，我以为既然说高岗很忙嘛，我就见不到他，就不一定有什么事情一定要见他，就算了。我住在招待处，有一天招待处处长就来告诉我，他说我们高岗主席来了，在客厅里头等着要见你，我说那好啊，我就赶紧到客厅里头去跟高岗见面。他就跟我谈话了，他就问：你同来的几个人呢？我说我同来的还有几个人呢，比如说连我在一起，还有四五个人吧，四个人，连我五个人吧。他说都请来见面，他跟大家都谈一谈、问一问。这人身体很高，很高大。但是这人呢好像有一个毛病，什么毛病呢，就是身体很高大啊，谈话啊他有时候眼睛往上翻，这个翻啊翻到一个什么程度呢，我们这个眼睛有黑眼珠有白眼珠，他一翻就都是白的了，旁人很少能这样。他满脸麻子，身体高大。他是我们在东北，不是招待所看到他这一面，他在东北嘛就是称王称霸了，他东北有单东北用的货币、钱，跟关内不一样。他有财权，掌政权。我以为这个事情不太好办，哪里想到后来毛主席把他调到北京来，死在北京的。你知道？

艾：是的，知道了，当然那个时候算是非常重要的一件事情啊，就是他是第一个独立起来的算是军官，那以后当然不要再发生了，所以算是惩一儆百吧。

梁：他后来是吃安眠药自杀的。

艾：哦，我不晓得，我以为他是……

梁：他是吃安眠药。

艾：我不晓得这个。

梁：他是就住在离这个叫白塔寺这边，白塔寺这边有个医院，那个医院，在那个医院里头啊，他跟这个护士说，我失眠睡不着觉，你给我点安眠药，但是他不吃，收起来，慢慢地要到很多了，他一起吃下去，就完了，这么死的。

艾：那他为什么住在医院那个时候？他是生病啊还是……

梁：也算生病吧，不知道为什么。反正就是住在这个离我们政协会，白塔寺很近的这个医院。

艾：那我本来想请您给我看一看您当时去视察这个东北也好，河南、山东也好的笔记，不知道我能不能看一下？

梁：看也可以，就是字都很小，都是按着日子排的，今天是什么，每一天底下就不多的几个字。都是我今天到了哪个地方，看到了什么人，多半是很简单的。

艾：那我还很想看啊，您不介意的话……

梁：可以。

心不离乎其身而有创造：卫西琴的教育实践

艾：……普通人也好，也习惯了，就是比较——怎么说啊——方便啊……

梁：要知道和尚跟道士相反，道士都是留头发，全留，道士的头发很长。（艾：哦，是特别长，让他留得长长的。）长了以后啊，一个鬏鬏在头上，或者戴一个黑的帽子，这是道士，和尚要剃光头。

艾：您和道士有没有接触过啊？

梁：很少。北京的道士有道士的庙，这个庙啊叫白云观。道士讲究养生，要长寿，岁数要活得大，90岁以上啊不稀奇，这是道士，和尚不是这样的。

艾：道教啊，就是民间的道教啊，也跟中国的医学有关系吧？

梁：对，有关系。

艾：我知道您对医学也是感兴趣的，我以为您有时跟道士也会有点接触的？

梁：没有，没有。

艾：我1980年来的时候，您跟我讲很多关于您的那位德国来的朋友，卫中（卫西琴），Westharp。我回去以后也再找了资料，还是没有找到什么关于他的资料了，除了那篇严复先生给他翻的文章以外，好像我都找不到，我也找了一些德国方面的资料了。恐怕只有您一个人知道他的事情了。

梁：他这个人啊，他是德国人，他父亲好像是德国国家银行的总裁。这个他本人呢，什么都喜好，就是比如他喜欢这个医学，研究人的身体、生理，他又喜欢研究法律，各样的不同的大学的门类，他都去求学。他都不喜欢，他说都不对，他说假如有一个大学开一门课，叫作"什么都不对"（笑），这是我最喜欢的，喜欢那一科。他父亲嘛是很有钱，就说你不能在大学毕业啊，不能结婚。最后嘛他是在这个大学的音乐系毕业了，他结婚。

艾：他英文名字我知道，Westharp，西琴。德文的名字跟英文的不同吧？

梁：不同，不同。

艾：也是翻这个意思过来的呢？

梁：不是，不是翻那个意思。

艾：那他德文的名字是？您记得是什么？

梁：德文的意思，因为我不会德文啊，所以我说不上来，但是有一个德国教士，在中国传教的，叫卫礼贤（Richard Wilhelm——整理者）。（艾：这个人我知道。）他在青岛多，山东青岛。他学中国话都是学的那种青岛的山东人的话。他很详细地知道卫中的家事，我就是从他这儿知道的，从卫礼贤那儿知道的，他也是德国人。我们再回，转回到说这个卫中了，他最不喜欢那个德国的威廉皇帝，他很不喜欢，很不喜欢。那么刚才不是讲这个，后来他不是注意这个音乐嘛，别的他都学过一些都扔掉了，最后嘛是音乐，他家里很富有，他就开一次音乐演奏会啊，请亲戚朋友欣赏他的音乐。

艾：就是他自己作的曲？

梁：嗯，他自己作的音乐。

艾：就是他以作曲家自居的，他不是演奏什么乐器，主要的是写……

梁：他也奏。

艾：哦，他钢琴也会奏。

梁：他做这个音乐会请亲戚朋友来欣赏啊，好像没有人夸奖他，他很失望。有人告诉他，说你所喜好的这种音乐啊，法国有一个音乐家，他恐怕会欣赏你，他可能是你的一个知音。他说那我就去找这个法国朋友，他就从德国去找这个法国朋友。

艾：我记得您说是 Ravel（Maurice Ravel——整理者），这个法国作曲家，就是印象主义派，印象音乐的。他去法国以前呢，他不是故意地学习他们 Ravel 印象派的样子，他就是自己很自然地奏出比较接近的音乐啊，是吧？

梁：我对音乐不大懂啊，我就听说是这个样子。他去请教法国的音乐家，法国的音乐家就说你所喜好的这种音乐啊，这个道理啊很合于中国古代的音乐。

艾：哦，是这个法国作曲家……

梁：告诉他的。那么就说你去伦敦图书馆，那儿有关中国的什么音乐的吧，你去找一些书看。当然他看书，还不能够满足。那个朋友告诉他，说是意大利有一个教育家，叫蒙台梭利（Maria Montessori——整理者），就是那个教育家啊，他的思想啊，跟你有相合的地方。

艾：教学跟音乐……跟他喜欢的音乐有什么关系啊，我就不太清楚了。

就是教学方面的理论跟音乐方面的理论……

梁：大概是从心理学上面来说吧。我知道的就是他听了别人说的话啊，他就访问蒙台梭利，好像是一个女教育家，谈的意见很合。蒙台梭利告诉他，你要想得到这个同情，你要想到东方，到中国，那么他就到中国来了。他先到日本，他总是先经过了日本；他先经过日本呢，日本人在音乐方面还是在模仿西洋，他摇头，很不喜欢。那么从日本到了中国上海，还是就是他们学的那个西洋乐啊，都是下等的，他不喜欢。他总是称赞中国，称赞中国文化。这个中国的书啊，中国书有一个书叫《中庸》，《中庸》里的话，好像有什么话，“天何言哉？四时行焉，百物生焉，天何言哉？”（出处应为《论语》——整理者）他很喜欢，他很喜欢《中庸》这个书。就是我去跟他见面的时候，是在山西太原，他那个学校里头啊，用中文写的，写的这个话。就写的这个《中庸》这个话，他学中文的。那么我就补说一段，补说一个情况，就是这么样子……

……他不是刚才说过了，他喜欢中国文化，中国人的品行，中国人的文化，很喜欢，可是那个时候，他来中国的时候，正是那个什么五四运动啊，都提倡西洋，认为都是西洋好，他摇头，很不满意。他到处跟人谈话，旁人请他讲演他也作讲演，当然都是用英语讲吧。

艾：他到了中国那个时候已经是美国的公民了，是吧？

梁：因为他不喜欢德国，不喜欢德皇，（艾：所以就移民了。）军国主义他很不喜欢，所以他就入美国籍。

艾：那他到美国住过了没有，还是……

梁：那就不清楚，他入美国籍，改用这个名字，叫 Westharp，就是西洋音乐的意思，harp是“琴”。他用中文表示呢，名字叫卫中，“中国”的“中”，号叫西琴，卫西琴，他用了一个这样的名字。从前的德国名字他都不用了。知道他的名字，是从刚才说那个卫礼贤知道他的。

艾：他讲演的时候，讲的是什么题目啊，应该是音乐啊？

梁：对，他讲到这个，要补说了。本来他父亲是有钱的，国家银行的什么总裁。可是欧战一起来呢，不行了，他这个来源呢，钱财的来源呢，断绝了。一方面，钱财断绝了；另一方面呢，他的思想啊，他老碰不到知音，大家都不欣赏，有人就说这个人是个疯子，有人就说这个人是个骗子，他老说中国好，他骗取中国人的欢迎。哎呀，他很烦闷了，没有知音，要自杀。他就知道听人说中国有一个大学问家，严复（严几道）先生，他是在英国留学，翻译了很多外国书，这个人中国学问、外国学问都好。他说我去找他，他就大概写一篇什么信吧，寄给严老先生。

这个严老先生呢，他是有那个习惯，就是抽鸦片，抽鸦片他就懒惰了。他的名气很大，收到人的信件很多，外国人的信件、中国人的信件很多。有一天，他正在躺着抽鸦片的时候，他在来往的信件里头随便拿来看，看到卫西琴的信。他在信上说，我给你两次信了，也没有你的回音，我本来在中国就没有人赞同我，我很烦闷，我要自杀。严先生看到这个人要自杀，说这不得了，赶紧回他一个信，说你的文章我给你翻译。严先生就把他的——卫西琴的大概一篇讨论中国文化，他用中文呢，给他添一个题目，题目是《中国教育议》，中国教育的议论、讨论，讨论中国教育问题，这样一个题目。在这样一个题目，《中国教育议》这个题目旁边呢，严先生就叙述了这个经过。刚才我说的那个经过，就是严先生在旁边文章叙述，就说明了他怎么投书给他，怎么说要自杀，怎么样子烦闷，那么我不能不重视他，所以我把他的文章帮他翻译出来。翻译出来嘛，他说我给他加一个标题啊，叫作《中国教育议》，里边都是中文了，大概都是根据严先生所了解的他的这个思想意见吧，写成一篇中文，题目《中国教育议》。

这篇文章呢，发表在天津出版的一个刊物上，这个刊物叫《庸言》，就是梁任公（梁启超）办的，大概是梁启超从日本回国后，已经民国开国之后了，在《庸言》上发表这个文章。这样子嘛才引起中国人对他的注意了，也就是这个时候嘛，他的这个家里不能给他汇钱了，德国被包围了，他家里不能给他寄钱了，他没有钱嘛，就怎么生活啊？幸好这时候因为严先生给他翻译嘛，他出了名了，就有这个保定的高等师范学校，请他做音乐教员。他特别喜欢这个中国音乐，好像他的这个中国音乐啊，什么乐谱啊什么样子，好像在这个中国的《永乐大典》里头啊，有这个乐谱，永乐是明朝，好像是一个古乐。那么他在保定的高等师范里头，他就好像是教这个音乐吧，那么他教音乐嘛，他就是因为他还是外国人啊，中国话说不好了，有一个助手，助手姓杨，叫杨子清。

艾：杨子清好像我不知道是什么字。

梁：中国人有姓杨的嘛，木字旁，“子”是“儿子”的“子”，“清”就是“清朝”的“清”。这个杨子清就给他做助手。有一次赶上在山西太原，开这个全国性的、中国全国性的教育会议，全国教育界的，各省教育界的开一个讨论教育问题的会议，在太原开。这个卫西琴呢，他就领着他的保定高师的学生，有那个杨子清，有他所教出来的音乐的学生，一起到太原去参加那个教育会议。参加那个教育会议啊，一方面呢，奏乐给大家听，他有音乐啊，奏乐给大家听；另一方面呢，他也发表讲演。发表讲演呢，这个是很痛诋、骂德国的军国主义要不得，可是这个时候啊，这个阎锡山呢，是太原的主脑了，阎锡山呢，正在喜欢这个军国主义，而他呢，就是骂这个军国主义，阎锡山听了之后觉得这个人还都有道理。

艾：还是阎锡山去听他的这个讲演吗，还是……

梁：是不是听他讲演不知道，总而言之他批判军国主义的这个议论呢，被阎锡山听到了，也许是旁人告诉他吧，引起阎锡山的注意，不会阎锡山去听他的讲演。

艾：我还有个不太清楚的地方，那么他在那边主要是讲他的音乐理论，演奏他的音乐，他怎么会讲到什么军国主义那一类的题目啊？跟音乐好像没有关系的。

梁：对，总而言之我也说不上来，就是说他讲演的时候狠骂、批评这个军国主义。而阎锡山呢，很热心这个军国主义，听到他的议论呢，觉得很有意思，那么就想请他留在太原。刚好他这个太原呢，有一个学校，这个学校啊，好像还很难找一个合适的人呢，来主持这个学校。这个学校叫什么学校呢，他叫外国文言学校，学外文的，包括英文啊，法文啊，德文啊，外国文言学校，有这么个学校。阎锡山说那么就请他来主持这个外国文言学校，所以就很合他的意思，他就留下了。

艾：就是那一年开这个教育会议……

梁：会议之后他留在太原，接受了这个聘请，办理这个外国文言学校。那么这个时候呢，赶上我去太原了。

艾：那您去太原呢，是……

梁：是太原方面请我去的。这个太原方面有一位老先生叫赵戴文，号叫赵次陇。他跟阎锡山都是山西五台县的人，都是五台县的同乡，那么阎锡山是在日本去学陆军的，这个赵先生是在那边去学教育、学师范教育的，学文的，不是学武的。不过两个人都是五台县的山西人，是同乡，在日本就碰着了。后来两个人回国之后，阎锡山掌握了山西的军政大权啊，他很多事情都请这个赵帮忙。那么这个赵帮他出一个刊物，刊物叫《来复》，这个《来复》就是一周一个“来复”，一个礼拜的意思，七天，一周出一薄的本。这个报呢主要还是谈这个孔子，孔子的道理吧，谈儒家。那么有一个朋友啊，就替我宣传啊，所以这个赵戴文，赵老先生就知道北京大学这个梁先生啊，是讲儒家的，那么好，请他来讲演吧。这个时候是民国十年（1921），民国十年的年尾了。我记得我刚结婚，刚结婚还不到一个月。他请我去讲演，住在太原省城啊，文庙里头，文庙嘛，就是孔子庙。这个我带一个秘书，一个姓陈的，陈政，给我做秘书，请我去讲演。

讲演嘛，不是给一个地方讲演，就是说在这个太原呢，有大学、中学、师范学校，特别它有一种阎锡山的特别的师范学校，它叫国民师范学校，别处没有这个国民师范学校。那么他勤工俭学嘛，就是这个学校讲一次，那个学校讲一次，山西大学也讲一次，山西大学里头也还有法科、文科、理科啊。我记得一个地方让我去讲一次，题目随我讲，可以换题目。我就特别注意到了，它那儿有一个办那个师范学校，叫国民师范学校。这一点呢，就刚才说，民国十年冬天了，也就是我那个《东西文化及其哲学》出版的时候，大概这个书出来，他们注意，特别是那个赵戴文注意。我带了一个秘书，两个人去，住在一个庙里头，住了一个月，给各学校讲，这个是开始跟山西接触。我记得好像是十二月去的，年末尾去的，那么在那停一个月呢，不是就到了新年嘛，民国十一年（1922）嘛。新年嘛阎锡山建筑了一个大的一个讲堂，这个大讲堂啊，它好像是叫作自省堂，人要反省的意思。

自省堂建筑落成，又赶上是阳历的新年吧，还是旧历的新年呢，那么他大宴宾客，我正赶上这个时期呢，除了阎锡山本人自己领先说一段话之外呢，就请我讲话。不是，就让他这个有省议会的议长，叫崔廷献，请这个议长讲话。还有山西大学的院长——法学院长、文学院长——讲话，那么也请我讲话。我那个时候年轻，不是刚才说 29 岁，年轻就气盛。听了很多人讲话之后让我讲话，我就批评，我说是主席阎公讲话之后，你们讲话，这个人讲话，那个人讲话，都是顺着他的话讲，这个不好，这个北京话叫“巴结”他，顺从他，恭维他，应该表示不同的意见才好。大概我说话是这么一个意思。事后听旁人说，说阎锡山会后啊，对梁先生不满意（笑）。我有这么一个经过，主要的不谈这个，就是要谈那个……（艾：卫先生。）卫先生他就接受了阎锡山的聘请，办外国文言学校，那么我就去参观他这个外国文言学校。我就觉得这个学校很新鲜，很特别，他这个特别在很多地方。他是外国文言学校，教外文，他不是从读字母啊，学文法啊，不是这么样入手，我记得他好像要学生演剧、演戏，短的戏，短的故事吧。这个短的故事不是彼此要交谈吗，你说什么，我说什么，一个活动的，他就叫学生这样子，你这个学外国话，外国文，这么样学。

艾：所以你去参观的时候，他们学生也是给你演这些短的戏？

梁：对，对，对。这是一点他特别的。再一点呢，他把这个学生，领着学生修理房屋、院落，大家都动手，修理这个房子。这个房子嘛本来院落很大，他把它分成几个小院，这种泥瓦工也要学生做。我记得冬天呢，天冷，不是刚才说12月嘛，天冷，北京人呢穿鞋，穿棉鞋，厚的里面有棉花。他从外面请了这个做鞋的工人做老师，让学生跟着学做棉鞋，他送我一双棉鞋，我记得。学校的日常生活啊，比如吃饭啊，饮食啊，买酱油、醋、菜啊，他也在学校里头开这个店，做买卖。买卖的事情呢，卖东西的也是学生，买东西也是学生，总而言之让你练习这个生活，他这种教育很有意思。

艾：学生的年龄多大啊？

梁：学生的年龄大概都是十几岁，比如十三四五六岁，就是在二十岁以内吧。

艾：那差不多一共有多少学生呢，那个学校？

梁：一百多一点。

艾：那位置是在城内啊？

梁：在城内，就在太原城内。

艾：那您参观的时候，是卫中先生出来迎接给您解释啊，所以那个时候……

梁：还有一个帮他忙的就是杨子清，那个人是保定师范的，那个人帮助他给我解释。

艾：所以他当时中国话还是讲得……

梁：讲得不好。

艾：杨先生给他做翻译的？

梁：讲得不好。怎么样一个不好呢，他跟这个杨先生，跟他这个保定师范的学生，他领导几十个人吧，他们就是好像形成了一种他们的中国话。就是那个话啊，不是平常的中国话，也不是外国话，是把外国话翻译成中国话，那么一种话。而这种翻呢，翻得不好。这种翻得不好的这种中国话呢，在他们的那个范围内……

艾：怎么会这样子呢，只有他们懂他们自己那种话，别人都听不懂吗？

梁：也不是完全听不懂啦，他们许多话不是跟一般的习惯相合，不大能相合。

艾：那卫先生自己讲话讲的是英文呢，还是……

梁：就是他学的这种半通不通的中国话。

艾：哦，明白了。所以他讲他的那种话，杨先生会把它翻成比较通俗的中国话。卫先生给您参观他的学校的时候，他还没有开始讲他的关于音乐的或者别的什么？

梁：音乐方面没有讲。

艾：都是教育、教学方面的。

梁：对他的教育（方法）我很惊讶，很特殊，很佩服。旁处没有这样教育学生的。他就是从实际生活上来教育。就是我叫你学英文、学德文、学法文，也是从实际上教。好像是演一个短剧那样子。

艾：那教师们都是中国人吗？

梁：教师，可以说是很少。除了杨子清帮他忙之外，旁的我就没看见什么教师。就是他自己一个人，什么都是他教。不但教外文——英文、法文、德文，什么化学、物理也是他教。他忙得很，完全不怕累。并且我跟你说，阎锡山因为请他做顾问，办学校，对他的报酬很高，每个月有五百块钱大洋。但是他用得不多，这五百块钱大洋，他自己用得很少，用不着什么东西。他说，这是他的话：“物质不进去，精神不出来。”要让学生吃得好，他把阎锡山给他的钱，他都推给学生的伙食。他的话——物质不进去，精神不出来——要给他们吃好东西。吃得要好，穿得要舒服，住得要舒服。那些学生，比如姓张的、姓王的、姓刘的，每一个人他都记得，他不叫他们的名字，就说小王啊，小刘啊。他领着我到学生宿舍去看，他就喊，小王啊，你出来呀，你昨天睡得好不好啊，你大便没有啊——关心到每个学生，关心每个学生的身体、生活。他这个教育，我们在旁处、在别的学校没有看到人这样，我很佩服他。因为佩服他嘛，我就跟他很谈得来了。所以后来，他在太原五年之后就辞职，离开太原，常跟我通信。我在北京西郊离颐和园不远的地方叫大有庄，我们租了一所大房子，我就请他，请卫先生和我们住在一起。

艾：他自己没有结婚？

梁：没有。

艾：哦，他自己是一个人。

梁：他自己偶然透露出来他的问题，他不是有意说的。他在德国结婚了。刚才不是说他父亲说，你不去做什么……结婚了，他自己不是喜欢音乐嘛，有一次他自己奏音乐，钢琴不是也有个玻璃，可以看见外面，他奏钢琴的时候看见他结婚的那个女人和另外一个男人接吻、搂抱。他很生气，就离婚了。所以回到中国以后他就一个人了。

艾：那您家人呢？是在那房子住吗？

梁：这是后来了，在他离开了太原（之后），在北京离颐和园不远的地方叫大有庄。

艾：那您一家人、他一个人都在那边？

梁：他带一个学生。这个学生是中国人。

艾：不是那个杨先生？

梁：不是，不是那个。比杨先生年轻的一个学生。

艾：那房子是住了几人？

梁：房子我住了大部分，不是我一个人。我有一个小的集体，很多学生、朋友，还有熊先生。（卫中）他住后院。我住前院。房子是三层的。他住后头，我住前两层。

艾：他当时也不在什么地方工作，就是在那边住？

梁：就是阎锡山还给他一个待遇——顾问，还给他钱。

艾：所以他整天是作曲呢，还是在哪一方面活动呢？

梁：我记得他有个小册子，小册子就算他的著作了。这个小册子都是科学，就是化学、物理、生物学什么的。这些小册子我都认为不好。他用他那个不通俗的、半通不通的中文写的。

艾：哦，明白了。他写这些东西的目的是什么？目的在哪里？是要学校用它，把这些小册子当他们的课本呢，还是给大家介绍一下这些科学方面的东西？

梁：这相当于课本，这还是他在山西办学校的时候用的。

艾：他在北京的时候有没有什么特别的、值得提的一些活动？

梁：没有什么活动。我记得那个时候，民国十五年，就是1926年，我们住在一起，他住在后院，我们住在前头。前头我们人比较多。他带一个青年，一个中国青年，最近还和我通信，他想回大陆，人在台湾，想回大陆。

艾：不晓得梁老师能不能给我查出来啊，因为我有机会去台湾，我可以去找他。

梁：这个人在台湾教书。（翻资料）《卫中先生传略》[1] 这是我写的，我给他作的传。

卫中先生，德国人，其德文姓名今不详，为德国银行总裁某之独子。天资特高，不谐于俗。既深恶德帝威廉之军国主义，而倾慕东方古代文明，欧战前夕乃出国东来，历游印度、日本而达中国。随即改隶美国国籍，更用中国文，自名曰“卫中”，字“西琴”云。1921 年，愚遇之太原外国文言学校［就是民国十年，我，这个“愚”是说我］，若有契合［第一次就很说得来］，彼此交往相处十数年之久。日寇侵入华北华东，愚奔走抗战，音信顿绝［我忙着奔走抗日了］。嗣访闻其流落在日本。1946 年曾因秦德纯参与东京审讯战犯之国际法庭之便［秦德纯是一个中国人，是个军人，在东京审讯日本战犯，是一个国际法庭审判，秦德纯代表中国，在日本东京审讯战犯的时候，卫先生写一封信给我，交给秦德纯，想法交给我］，得一联系，旋又相失［后来又失掉联系］。推度其在日本身故，年纪六十至七十之间。

据其自述，尝先后肄业于德国几个大学，经历文科、医科皆不终而弃去。末后乃由音乐一科取得学位。盖音乐为其夙所耽好也。顾其所好又与俗殊，莫得知音［音乐一科是他素来喜好的，可是喜好音乐所好的又与旁人不相合，与俗殊，旁人不喜欢他］。唯法国

---

① 以下内容为梁漱溟先生逐句解读他作的《卫中先生传略》，整理者参照《梁漱溟全集》中收录的全文整理，方括号内的部分是梁漱溟先生给艾恺先生作的解释。见《梁漱溟全集》第四卷《卫西琴先生传略》，山东人民出版社 1989 年版。

一音乐家能欣赏之，谓其有合于东方古乐；因教以觅读东方古籍译本于巴黎伦敦各国图书馆，是即其倾倒于古东方文化之由来［中国翻译的本子，在哪儿去找，在巴黎伦敦各图书馆］。惜西人所为东方古籍之译本既未必尽切合原义，而读者各以自己意思领会之尤所难免。愚［就是说我了］，愚每见卫先生摘取中国古书一些文句揭于壁间［挂在墙上］，或时口诵而嘉叹之［说这个好啊这个好］，殆亦类乎此情形者不少［他自己按照他自己的了解来了解中国，其实不定全对］。

当其东游抵日本，见日本人事事（音乐在内）步趋西洋，鄙夷之，嗟惜之，以至嫉恨之。心谓中国非古文明渊源所自乎，其必不如是［他想中国人不能像日本人那样步趋西洋］。既抵上海，又转至南京而天津而北京，乃知事实上中国方歆羡日本学西洋成功而追踪之，则不能不失所望。每发为言论，直吐胸臆于不自禁。国人乍闻其言，相视诧讶者纷纷然，或疑是疯子，或疑是骗子。值此时欧战发作，其客中生活所需一向赖家中接济者，以德国被封锁猝尔断绝。内外交困［没有钱了］，情实难堪。然写出长篇论文，商讨中国教育问题，投书严几道［就是严复了，严先生］先生求为翻译发表。严先生于其文稿多日未加展阅，更未置答。迫不得已，再度投书自陈来访中国实为怀抱敬仰珍爱中国精神而来，顾久久不得同情谅解之人而遇之，几无可与语者，将自杀。严先生骇然，亟答书慰勉，许为翻译发表。于是其论文乃以《中国教育议》为题，揭出梁任公先生当时所主编之《庸言》杂志［这是在天津出版的］。

任公先生夙为论坛宗匠，《庸言》又为其时舆情所重视，因之其文其人引起各方注意；卫先生得以受聘为保定高等师范学校音乐教员，解决其一时生计问题者赖此焉。1921年愚既有《东西文化及其哲学》一书问世，太原教育界邀为中等以上各学校作讲演，因得参观卫先生所主持之外国文言学校，辄惊叹其一切措施之新颖而寓有深意。先是某年全国各省教育会开联合会于太原，卫先生特率其保定师范的音乐学生来会演奏，大获好评［大家听得很好］。复应山西当局邀请讲演于省政府。其时晋省当局［就是阎锡山啦］方倾心于军国主义，见之于各项施政，而卫先生不知也［卫先生不知道阎锡山是这样的］。在讲论教育问题中，本其夙怀力诋军国主义，在座咸为之忐忑不安［就是他跟阎锡山刚好相反了］。不料竟引起当局某种觉悟，信其教育主张有价值，愿留卫先生于太原，俾实验其教育理想，即以成立不久之外国文言学校交由卫先生主持。

前云参观此校惊其措施新颖者，今当述我所见所闻。

据闻卫先生接收学校之初，即停止学生一切学业，并阻止学生回家，先着手安排日常起居生活。学生约百余［就是一百多人］，大抵为高小初中程度。卫先生以其保定音乐高年生为自己助手，分头组织学生为若干小组，譬喻为小家庭，在卫先生指导下修整宿舍［修理房子，做瓦匠］、厨房、厕所［我这儿注着，厕所为一注意点，中国人对于厕所不讲究，其实不对，厕所应该要干净、要讲究，厕所是他的一个注意点］，以至讲堂、各种作业室、体育活动、娱乐活动等场所；一切土木工皆师生一同动手为之。布置既妥，在生活上所需各事务亦有些属由学生练习操作或经理之者。如时当冬季，愚承惠赠棉鞋一双，即为学生从技工所习制者。又如煤、米、油、盐、纸、笔等日用品，由学校成宗购进而后零售给各家各人，略同于消费合作社，亦即由职工协助学生经理其事。其他准此可类推。

卫先生于学生饮食、睡眠、大小便通甚注意。当我被引导参观各宿舍时，卫先生每呼唤其间因健康问题休假之某某学生，问其夜来睡眠如何，或今晨通便如何，以验知其变化情况；盖其操心入微矣［他对学生的关心很到家］！且闻为增进学生营养，卫先生出其省府顾问月俸之大半以改善学生伙食。愚见学生大半面色红润有兴致，盖有由来也。

如上所述有些情况至今犹然在目，然事隔五十年之久，难于记忆明确周详者正多［我写这个文章已经隔得太久了，隔了50年］。此校似不在正统学制系统之内［这个学校不在正统学校之内］，故得以措施自由；标名外国文言学校，教学似有英、德、法三国语文，且似均由卫先生亲自授课。曾见其不用现成课本，而教学生排演短剧，从剧中人物彼此相语为学习入手，然后及于字母、单词、文法。又如物理、化学、生物等自然科学各有卫先生自编教材（有油印零片教材赠我）［赠给我］。似乎时或亲授，时或有人代授［物理、化学都是他自己给学生讲的］。其他体育娱乐等活动记忆不清，不述。

综观全部情况，卫先生对于此百余学生一身而兼父母师保之任，试想其劳瘁为何如乎！

《中国教育议》一文，愚早从《庸言》得见之，且极注意细读。当时只觉其对中国过多赞叹之词、惋惜之语［中国人好像对于原来的文化不重视］，顾难寻绎得其一定理致与具体主张如何［不知道卫先生对中国文化有什么具体的主张呢，我说不清楚。这是读《中国教育议》文章的感想，是先读文章后参观的］。此番参观虽聆教甚多，亦只能信服其一一措施寓有深意，一时尚难通晓其根本学理。后经多年往还乃始有所晓然。兹略为说明其措施之涵义，以结束上文。

卫先生所为种种措施如上者，一言扼举其要曰：凡以挽救中国人身体衰退之势，恢复其身体活力而已［这是他对中国人的看法，但是中国人，特别是中国的念书人，身体衰败了，不如外国人。中国的念书人，身体就不行了，他认为中国人的身体都衰退了，需要恢复］。要晓得动物只有其种族遗传的身体本能生活，不离自然状态，人类却有其后天不断创造出来的文化生活，脱离此自然状态；其分别要在大脑特见发达［人类的大脑特见发达］，而有卓出于身体的人心创造活动［不是单从身体来的，从大脑来的，而有人心的创造活动。这是人类所独有的］。所贵乎人者即在此能创造的人心。（人最可贵的是在人的大脑的创造性，）然人心任何活动却不离乎其身而有创造。中国古人曾有过高尚、优美伟大的文化（音乐在内）创造，盛极一时，是皆其人心优胜的表现。后人享用此文化，渐渐形式徒存，创造不足［仅有一个表面的，表面上中国有一个慢条斯理的文人的样子，实际上只有一个形式了，创造不足了］。寖寖贵心而轻贱乎身。违离乎身的心是虚假的心［心不能离开身，离开身的心是虚假的心］，难有创造；同时，欠少了心的身亦即缺乏活力，以供给创造材料。于是一面更不能有所创造，另一面身体亦现出颓废之势。此即晚近中国历史所以陷于萎靡不振的由来。卫先生尝说“按中国情形论，在教育里最要紧的是那常常与感觉（身体力量）有关的心，常常往实用方面走的心”。其必要学生习为手工艺以至商业计算者，意在引其头脑向于实际事物而活动去，非为学生他日就业求职设想［不是为了让你最后可以去做商人的。头脑和心思要打成一片，沟通，不要弄得身体弱，空有一个心思］。其极关心学生身体营养与健康者，则虑其头脑所得与身体的供应不足，或受到身体方面的牵掣影响也。

卫先生之学系从音乐而入于人类心理的研究，进而尚谈教育问题，着着落在实际上，非徒逞思辨之雄者。聆其言论，读其著作，虽一时不尽了解，总觉其言之有物，值得重视。惜其留存至今者甚少甚少，似只有四十年前北京高等师范学校张耀翔主编之《心理学》杂志内有《男女新分析心理学》一篇（愚手有存）［这篇很重要，男人跟女人心理是不相同的］，可资研寻。

艾：这篇是在什么地方出版的呢？

梁：这个文章呢，见到是在《心理学》杂志上，《心理学》杂志是北京高等师范学校张耀翔教授主编的，登出来这篇《男女新分析心理学》。

往年愚曾不止一次为文［写文章］粗浅地介绍其学说，今并失去。近著《人心与人生》一书，当论及身心之间关系时再为概述其大意［我在《人心与人生》这本我的著作里头，专有一章介绍卫先生的话，介绍他的学说的大意］。世有好学深思之士倘因而引起兴趣更求卫先生原著研究之，发掘之，俾不致湮没，斯则学术界之幸也。

卫先生致力其教育实验约五或六年，自己认为实验效果不如所期；值学生应届毕业年限，省当局亦似无意续办，遂离去太原，移居北京。愚时谢去外务，偕数友读书郊区，因约同赁屋于西郊大有庄，得有朝夕晤谈之便。此 1926 年春初事也。次年 5 月愚赴粤友李任潮陈证如之约；其后既留于广州，乃又荐举卫先生来粤［请卫先生来广州］，主办一教育研究所，俾传习其心理及教育的研究。

1929 年愚先离粤，卫先生 [又多住了两年] 大约延至 1931 年亦离去。[我离开在前，卫先生在后。]

此后闻其一度应邀访问广西，而已客居上海时为多。在沪颇为《密勒氏评论报》撰写文章，得些稿费 [《密勒氏评论报》给他稿费]，其他所从事不详。彼此踪迹疏远，难得遇合，于今回忆似只偶尔在上海相会两次而已。

艾：他是哪一年在《密勒氏评论报》发表文章的？差不多是 1929 年、1930 年那个时候？

梁：对，的确是那个时候。

1937 年岁杪上海、南京相继沦陷 [都被日本人占了，这时候他很困窘]，知其困窘，从武汉以百元寄之，曾得其复信一谢，兼要愚去香港会晤 [要我去香港会面；可是我不能去香港，因为那个时候我在政治上为了奔走抗日，跟国民党、共产党都有关系，我就不能去香港]，愚固不得而赴约也。前云音讯断绝者即指此后而说。余如上文所述，不赘。

附注一，卫先生后来又曾更名为“傅有任”[这是中文名字，他本来叫卫中，卫中也是中文，后来又改叫傅有任]，似亦从英文某字的音译而来。他原来真的德文姓名跟他的家世，愚曾从德国教士而久入中国之卫礼贤备悉之 [卫礼贤告诉我他在德国的家世，他德文的名字应当是什么，我不知道，都是卫礼贤告诉我的]。惜今不尽记忆 [卫礼贤告诉我了，我现在不记得了]。

下面说卫先生率领学生演奏的音乐大获好评的事 [这是在太原]，见于南方某省教育会的陈主素先生参加太原联合会后写的一篇文章 [这是陈主素在太原开会的时候，大家听他奏的音乐非常欣赏]。且仿佛记得他说及所奏是中国古乐，其乐谱是从《永乐大典》抄出古《卿云》歌的乐谱[古代有个《卿云》歌]。这件事记不准确了未便载入正文，附志于此。还有一个附注，说是卫先生在其五年的教育实践中，自己学问大有长进，其讲话的记录和著作累积甚多，皆承其先后见赠，今俱散失无存。似乎末后他悔悟其实验相当失败，是片面地从中国人身体入手的那种观点不对[他认为中国人的身体衰败，那就从培养身体、体力的恢复入手，这个观点不完全对]，但他没有明白对我说出[他没有明白说明，怎么样不对]，故不叙入正文。这就是关于卫先生。

艾：您这样为他写一个传记。

梁：这是卫先生的一个中国学生，姓杜，这个人他叫他的家属当面给我送过来的。这个人在台湾教书，他想回大陆，想从台湾回到大陆，想让我对他有点帮助。

艾：这是旅馆的信纸？

梁：对，香港的信纸，香港的中国大酒店。

艾：所以台湾的地址不晓得？

梁：他在台湾（翻纸），他的名字叫杜为，这儿写着后学杜为谨启。……这已经是第二封信了，就是给我一封信，想从台湾回大陆，我就表示欢迎，他“接奉手书，特别感奋，卫师所教，民族教育大计，未敢或忘……”这个人在卫先生身边，他也就根据卫先生讲《中庸》，写了《中庸本义》的稿子。现在他写的这个已经陆续发表了，第一章是绪论，下面……

* * *

梁：比如有烟钱铺，钱就是从前用的那个钱，圆的那个铜的。卖烟，有抽的水烟、旱烟。卖烟跟换钱，拿银元去，银元不好用，拿银元按着时价换给你钱，换成铜钱，就好用了。烟钱铺都是山西人办的。这个还是卫先生的东西。

艾：哦，这个是……

梁：《广东省……教育实验厂周刊》，《新女性与新文化》为广东省立第一女子中学成立而作，杜太为笔记，他是做笔记的人，讲的人是谁呢？讲的人就是卫西琴。

艾：会不会是刚才那位杜为杜先生？

梁：就是他。杜太为就是杜为。杜为是名字，杜太为是号。他算是卫先生的学生，跟随卫先生。卫先生讲，他做笔记。（翻出另一篇）这里头一篇卫先生很重要的著作，不好懂。这是《心理学》杂志。师范学校讲教育要讲到心理学。这是心理学史，重要的不是这个，是后边的这个。近代两大心理学家，重要的是这个，弗洛伊德的心理学。男子的心理超过他的身体，男子的心理、精神超过他自己的身体，女子就不行，女子的精神、心理受她的身体影响很大。他很讲这点，男女很不相同。女子的身体控制了她的精神和心理。只有女子不像女子的时候（笑），才不同一些。女子不像女子的时候，就是年纪小的时候，大致说吧，十四五岁以前，女子看起来都比男孩子聪明，十四五岁以前，七八岁一直到十四五岁，这个时候啊，女孩子看起来比男孩子聪明，可后来就不行了，慢慢地男孩子长大了，二十岁了，二十几岁了，二三十岁了，男子的智慧聪明，女子赶不上了。他讲这个道理。所以他写这个《男女新分析心理学》，好像是有一个弗洛伊德不是讲什么精神分析？他很赞成弗洛伊德，但是他说弗洛伊德讲得还不够。所以他的这个论文《男女新分析心理学》。他这个书我们看不大懂。看他画的这个图，表示男子的……图。

艾：哦，是的。

梁：看不大明白。女子不完全的……图。他是好像把这个问题……，这个图都是他有他的意思，表示他的意见，表示他对人的心理，男的心理如何，女的心理如何。除了用文字说话之外，拿图来表示。可是我们不大懂，看了他的话，又看了他这个图，还是不大懂。……他的话是很有内容，不是说的空话，可是我们看了他的话有点似懂非懂。不过他说过这样的话，我记得当面谈话的时候说过，他说中国的男人，略带女性味道，外国的女人，像男人。（笑）这个话也很有意思。

艾：是，是。那已经过了 10 点半。

梁：那好，我们下次再谈。

* * *

艾：我 1980 年来的时候，您是跟我讲卫中先生抗战的时候在日本的情形，说是他在日本算是战俘，也不是战俘，因为他不是兵。反正是被日本人带到日本去的。那他心里不高兴，当然了，所以他郁郁不乐，所以他又决定跳海、自杀。正好有个留德的和尚，那这些都是怎么回事？

梁：这个留德的和尚在庙里头，是日本人，但是会说德国话。卫先生跳海被救上来，就到庙里去了，刚好可以谈话，就住在庙里头。

艾：所以他这以后就还是住在那个日本的庙里头？

梁：这个情况我怎么能够知道呢，是因为日本人侵略中国失败，要审战犯，日本军人叫东条英机什么的这些人，他们都是侵略中国的军人、头子。审战犯，中国方面派了一个将官叫秦德纯参加审判，卫先生就托秦德纯转一封信给我。这样我就知道他在日本的情况了。

艾：哦，明白了。秦德纯您本来不认识吧？

梁：不算认识。但是他知道我，为什么，我跟冯玉祥相好，他是冯玉祥的部下，做过参谋长，所以他知道我。

艾：所以秦德纯把这封信给您以后，就没有别的关于卫中先生的消息了。

梁：后来消息就断了。

艾：好像都差不多了，因为您昨天也是给我念您所写的卫中先生的传记，所以也许没有别的关于他的资料了。

王鸿一致梁漱溟　1924 年

北游所见：与阎锡山的结识和交往

艾：本来您认识卫中先生是因为到太原师范大学讲学去，是不是？在名义上是算阎锡山请您去讲学的。

梁：不是师范大学，是阎锡山特别搞的，叫国民师范。

艾：哦，国民师范。

梁：国民师范学校。

艾：您那次去好像是赵戴文的建议。

梁：对，主要是赵戴文，知道我有《东西文化及其哲学》那个书出版。他很愿意邀我去讲学。

艾：有一位也是阎锡山的顾问，徐洪龛还是徐松龛？

梁：哦，不是了，这个人是过去的人了。

艾：哦，过去的人。

梁：那个人早已不在了。但是他跟阎锡山、跟赵戴文都是山西省五台县的人，这个人恐怕比阎锡山、赵戴文早一两百年了。徐松龛是一位有学问的人，但是赵跟阎都是武才人，算是赵跟阎很远的老前辈，叫徐松龛，这个人学问很好，这个人讲的学问是明朝王阳明的学问。

艾：您虽然是赵戴文的安排去讲学的，跟王鸿一有没有关系？

梁：有关系。

艾：哦，那个时候王鸿一已经是阎锡山的顾问吗？那时候您还不认识王鸿一吧？

梁：认识。

艾：那个时候是民国十年（1921），您已经认识了？

梁：嗯，王鸿一这个人他是一个山东省议会的副议长，议会里头有一个正议长，两个副议长，他是副议长之一。

艾：哦，王鸿一是山东省的副议长。

梁：副议长。这个省议会大概有好几十个议员，议员里头有偏左的、偏右的两派。偏右的是梁启超那一派，那一派的领袖姓张，叫张公制。偏左的一派呢，当时算左了，就是孙中山先生当时的同盟会，后来改组为国民党了，偏左这一派的领袖就叫王鸿一。他名字叫作王朝俊，号叫王鸿一。他这个人有豪侠之气，他对于过分地崇拜外国很反对，他说中国念书人，中国儒者，崇拜西洋的也有，崇拜新的苏联的也有。他说这两种人都可管他叫"奴儒"，奴是奴隶，儒是儒家了，你是一个念书人，但是你是一个自信不够、跟着人家走的奴隶，奴儒。或者是做资本主义国家的西洋人的奴儒，或者做新的俄国人的奴儒，都不好，都是失去了对本国文化的、文明的信仰。他反对这个。他的一个表弟，叫陈亚三，是我在北京大学的学生，正好是哲学系的学生，正好是听我讲《东西文化及其哲学》，回去对王鸿一说梁先生是怎么讲，他说好极了好极了，把西洋的长处、新的社会主义、共产主义的长处都承认下来，但是同时恢复了中国民族、中国学问的自信。他不是反对两种奴隶吗，说梁先生这个学说好，这样子他就成了我的一个信徒，岁数比我大（笑），到处跟人讲，梁先生的学问好，他的学术主张好，到处替我吹嘘。他也在山西替我吹嘘，这样子，特别是赵戴文（赵次陇）先生他就注意了，他就请我到太原去讲学。

艾：所以您那次去讲学，是不是跟阎锡山见面了？

梁：也见面。特别是他是到了年尾，到了12月，不久就过新年了。阎锡山在省政府里搞了一个很大的建筑，有楼，很高，大的一个讲堂。他写三个字，这个大的讲堂的一个名字，叫作“自省堂”，自己反省，叫自省堂。这个自省堂修好了，开幕了，正好是过年，在新年的时候开幕。当时他本人是一个军事领袖，同时也掌握政权了。他还有一个省议会，有议员了，有山西大学文学院、法学院、工学院，就为这个大自省堂落成典礼，同时也是新年、开幕庆祝。我赶上了，到了太原，请我参加。不过我那个时候年轻啊，二十九岁，少年气盛。就天天在开会，他的文官武官，山西大学的学院的院长，法学院、文学院、工学院的院长，省议会的议长，很多人，为大自省堂开幕，又是新年，大家就欢宴，当我是一个客人，请我参加。我那个时候少年气盛，就是那天，阎锡山讲一篇话，旁人，什么教育厅的厅长啊，省议会的议长啊，还有山西大学各学院的院长，把阎锡山讲的话再重复再发挥一遍，就是讲阎的思想主张好，恭维他。让我讲话的时候我就说，你们不好，你们总是恭维他，恭维长官；你们应当说一些不同的意见。当下也没有什么，不过会散的时候，阎锡山有些不高兴，说这个梁先生，好像是散布了不良的空气。有过这样的事情。

艾：1980年的时候，您还说您也当过阎锡山的顾问。那是什么时候的事情了，头一次见面您就说讲那种使他不高兴的话了，那以后是怎么做他的顾问的呢？

梁：一部分是因为刚才说的事情是民国十年，那时候我才只有二十九岁。后来我是因为我的朋友李济深在广东，我就到广东去了。我那个时候就是注意乡村。我在广东要开办乡治讲习所，先作过一个乡治十讲，是一个小题目，讲明了乡治的道理，宣明我的主张。当时，广东的政治上的气氛、空气是革命空气，从苏联的列宁和斯大林的思想——那个思想就是，孙中山先生民国十三年（1924）改组国民党，三大政策，跟共产党合作，就对我的乡治很怀疑，我这个思想偏右，不合于当时革命的空气。我觉得这样子不要勉强，我有一个信条，是八个字，是很重要的，“少着人力，多听天功”。少着人的力量，多听天功，功劳的“功”，事情不要太勉强，自然一点。他们一般的空气既然是觉得我不合于当时他们党内革命的思潮，我就不要勉强。我就从广东，连我自己还有五个人还是四个人来着，有姓马的、姓伦的、姓周的，周用（音），马仰乾。我带了四五个人，从广东出来向北方，走回北方。我是做考察，一方面也是真是想考察，另一方面是因为他们怀疑我不合于孙先生的主张，所以我想缓和一下，不要勉强。我就从广东出来，带着几个朋友、学生，先到了陶行知那个晓庄师范考察。还有黄炎培他们在昆山县的那个徐公桥，或者陶先生的那个晓庄的乡村师范啊，都是提倡乡村工作，跟我在广东提倡办的乡治，不是相合吗？我就是希望参考他们的办法。

这样子参观那个之后，又到山西。山西阎锡山正在提倡村政。

他提倡村政也很合需要，什么很合需要呢，他这个村政的内容，有两件事情是做得很对的，一件事情是妇女不要缠足，这个事情很对，妇女缠小脚就常常不好走路，常常在炕上坐着不活动，不活动生孩子就难产。这个很不好。难产有的就需要剖腹，把小孩儿取出来。有的或者因为难产，所以产妇就死了。所以我那次去山西参观，参观他的村政，我就曾经在山西一个地方叫汾阳，汾阳有外国的教会，教会办有医院，西医了，就看见有十个小孩子都是医院里头剖腹……所以当时阎锡山提倡的村政里，要妇女不缠足，要下地，要活动，这个是……

他的村政处主要是这两件事情，我觉得还好。不过可惜他不能够启发民众的觉悟来做。他硬性地用罚，搞得不对就罚你、禁止。实际上群众很被动，不能够启发他的自觉。我觉得是他的缺点。这个大概都写在我那篇文章里头，叫作《北游所见纪略》。

艾：那您在山西的时候，也就是第二次跟阎锡山见面吗？

梁：嗯。但我记得好像那次他本人没有在太原。在他的五台县，他自己的家乡，小的名字叫河边村。他人在那里，寻我到那里跟他谈话。所以他派省政府在太原的一个秘书，姓曾的，陪着我坐一个小汽车，到河边村，到他家里头去见面、谈话。这个是后来的事情，还不是最后的事情。

艾：那是从那个时候起算他的顾问呢，还是……

梁：那个时候还不算。好像是还要后一点。就是刚才说的我那个山东的朋友王鸿一，到处称赞我、颂扬我。阎锡山就听他的话。请我做高等顾问，给我很厚的薪水，一个月送我五百块大洋。那个时候我就跟他谈，跟他说中国最大的苦难，最不好的事情，就是打内战。军阀自己打，不断死很多士兵，百姓也遭殃。打内战是最不好的，中国的问题不在旁的地方，就在你们几个大的军阀——蒋、阎、冯。你们一打，国家、大家都遭殃。最不好的事情，问题就在你们大的军阀之间，问题就在这儿。所以我就说要搞虚党制、虚中央制。

怎么叫虚党制呢，因为他们几个都不合，蒋跟阎、跟冯都不合，还有我们广西的李，你们、他们呢，谁都是国民党，都说自己是国民党，可是国民党跟国民党打。我说搞虚党制、虚中央制，就是不要表面上把国民政府算作中央，算作最高的，实际上管不了。管不了就不要勉强，所以叫虚党制、虚中央制。不要勉强可是也不要分家，不要彼此打架。你们都说你们是国民党嘛，我说你们应当尊重党内的老前辈。这个老前辈就像蔡元培、李石曾，还有张静江，还有谁，四个人，还有吴稚晖，吴稚晖也是老资格，“四老”。尊重四老，成立一个机关叫枢密院，尊重四老，听四老的话，我就有这么一个建议。

阎锡山当时听这个话他也很赞成。他请我做高等顾问，每月送我很多顾问的钱，就是这个时候。可是不久，从南方主要来了两个人，不止两个人了，主要是两个，一个是汪精卫，另一个是陈公博，他们这时候来了八个人还是几个，来到北方，到了太原，就说动了阎锡山，在北京召开国民党中央扩大会议。阎锡山就从太原出动到北京，冯玉祥也来了，宣布讨伐蒋介石，所以就弄成中原大战。冯玉祥是个能指挥军队作战的，他就在河南指挥对蒋介石打，这个就跟我的意思相反了，就是刚才说的嘛，他没有听我的话，听了汪精卫、陈公博的话了。他要讨伐蒋介石，蒋介石当然跟他要打了。指挥作战的就是冯玉祥，所以蒋、阎、冯就是中原大战，在河南打。本来可以打得很好，不一定是蒋打胜，蒋的一个办法是他派人联络了张学良，在东北，张学良出兵了。蒋算是中国陆海空军大元帅，张学良是陆海空军副元帅。张学良从东北来，就是在他们的背后啦，前面是蒋，后面是张学良的军队，那不行，当然要失败了。等到他一听汪精卫、陈公博的话在北京召开扩大会议，我马上辞了他的顾问，我不要你这五百块钱了。

艾：您那时候人在北京？

梁：在北京，家还在北京，有时候我在河南。河南就是那个河南村治学院。

艾：他们开这个扩大……就是国民党扩大会议？

梁：在北京开。

艾：那个时候您也在北京呢，还是在河南呢？

梁：我在河南啊，我在河南同朋友搞河南村治学院。

艾：我知道，不过同时在北京也有《村治月刊》，那您同时也是主笔了。

梁：写文章。

艾：那么，对，您 1980 年跟我讲的《村治月刊》，本来也是阎锡山出了钱，那这是怎么发生的？

梁：主要负责《村治月刊》的，还是那个山东的王鸿一。

艾：王先生去世以后就是您接任？

梁：对。这个时候还没有去世。王去世的时候好像是民国十九年（1930）。刚才说的事情是民国十八年（1929）的事情。

艾：所以阎锡山出了钱就表示他对地方自治、乡村的问题也是很关心。但是他是看王鸿一的面子出了钱呢，还是……因为这个月刊不是在山西，还是在北京，所以觉得就是……

梁：《村治月刊》当时出版的费用是阎出的钱。

艾：所以一直到《村治月刊》结束，都是阎锡山……

梁：好像是这样。

艾：那以后的乡村建设……

梁：没有他了，不是他的。开头在广东的时候，我用的一个名词叫“乡治”，但是在河南的朋友先搞起来的叫“村治学院”。后来，最后在山东搞就把“乡”“村”合起来了，“乡村建设”。第三步就是在山东搞了，叫“乡村建设研究院”。

艾：有《村治月刊》的时候，您也只好常常跑了，在河南工作，在北平也有《村治月刊》您也要管，那就在这两个地方跑来跑去的？

梁：也不太多。有一个姓李的。

艾：李朴生？我已经访问过他了，研究梁老师的传记的时候。

梁：他帮我在北京做《村治月刊》，他是广东人。

艾：是啊，访问他的时候，他非常佩服您。有一个事情他想不起来了，有人要他到外国学农业还是怎么样。您和李朴生两个人管《村治月刊》，没有别的人了？

梁：还有，宋乐颜啊，帮助做编辑啊，还出去采访，采访、做报告，寄到北京《村治月刊》发表。

艾：所以您大半的时候，那是民国十九年、二十年（1931），还有邹平的那个《乡村建设月刊》以前，还有《村治月刊》的时候，您看多半是在河南村治学院呢，还是在北京办杂志呢？

梁：我自己的家、孩子在北京，我在河南办教育的时候在河南住，不常回北京。河南村治学院刚才说了就办了一年，办了一年就打起来了，不能办了，所以才转移到山东。

艾：那到了山东，就另外一个月刊，乡村建设的……

梁：对，乡村建设研究院。

艾：我说的是另外一个期刊，是跟《村治月刊》类似的，不过就是名字不同了，也是跟邹平类似的，出版的。您说王鸿一先生也担任过阎锡山的顾问，当时，做个顾问有什么职务啊？

梁：没有职务。有时候可以自动地去找阎谈话，或者阎有什么事情找他谈谈话。王鸿一先生在太原的时候阎锡山给他房子住了，后来王鸿一好像带了家眷住了。可后来，就是民国十九年，他就是因为阎搞扩大会议，打内战，王先生就不高兴，去辞了。

回忆毛主席的中医岳大夫

艾：1980年我来的时候，您也是讨论一些关于中医学的，就是中国传统医学的兴趣，也是提到一位叶大夫。

梁：岳，不是叶，中国从前不是有个有名的武将岳飞吗，“岳飞”的“岳”。

艾：说是他自己也瘫痪了。

梁：那是后来，末后。

艾：这位大夫常常跟您讨论中医的问题。

梁：他是最有名的中医了。

艾：是，他是很有名的中医，给毛主席治过病。

梁：对，毛主席请到中南海住，每个礼拜住两天吧。做毛主席的顾问。

艾：不是治毛主席的病，是做他的顾问？

梁：就是卫生方面的，有西医做顾问了，注意毛主席的健康了。西医有好几位，中医就一个，就是岳大夫，大概一周住在中南海两天。

艾：哦，首先应该弄清楚，他的名字叫什么？

梁：岳锺秀，号叫岳美中。

艾：那您是解放后才认识他的吗？

梁：早有关系。

艾：他是北京人吗？

梁：他不是北京人。

艾：那以前是什么关系？

梁：他那个村庄叫狮子庄，离唐山很近，他是狮子庄人。他是旧的读书人，看中医书，给人治病，很出名。他那里离唐山很近，后来他就不在乡下了，就在唐山市开了个中药铺，同时他又行医。行医的时候，共产党的军队解放唐山在前，解放唐山后才解放天津，解放天津后才解放北京。共产党解放唐山的时候，市长、党的负责人姓李，好像是兄弟两个，有病就请岳大夫治病，治得很好，所以市长兄弟就很崇敬他，很相信他。北京这个时候叫作华北大区，华北的省政府有卫生厅。唐山姓李的就向华北卫生厅推荐，说这个大夫好，最后就请他到北京来，办一个中医的研究实验所。就把岳大夫从唐山迁到北京了。他跟我的关系，正好是因为一个姓裴的，裴雪峰（裴占荣）呢，他跟岳大夫是老乡，就是离唐山很近的狮子庄。裴呢，算是我的学生，那么岳大夫也就随着称我做老师。后来在西郊成立了中医研究院。

艾：这些多半都是50年代的事情吗？

梁：对，50年代，1956年吧。成立这个中医研究院，院长姓茹，党里头的人，共产党的，他很尊重岳大夫，就拉他入党，所以岳大夫很早就入党了。

艾：所以您差不多就那个时候——1955年、1956年——就开始跟他讨论医学方面，就是中医方面的问题？

梁：对。也谈不上讨论，不过我就是二十一二岁的时候爱看中医书。我身边有个学生，有个青年陈维志，我就介绍陈维志拜岳大夫为老师，所以，后来陈维志总是陪着我到西苑，离颐和园比较近的地方，西苑那儿的中医研究院，常去。陈维志也就算是成了岳大夫的学生，陈维志一直到现在中医这方面算是我的顾问。

艾：那岳大夫有没有看过您的什么病，或者……

梁：我也没有什么病，他告诉我好像是有个问题是手掌出汗，现在手掌没有汗了，干的，那个时候有些日子手掌出汗，一直也不好，他就告诉我吃一点药，吃什么呢，不知道外国有没有，北京叫海带，好像是可以治这个病吧。

艾：那他看毛主席的病，是毛主席最后的病呢，还是从50年代开始……

梁：他是一个这方面的顾问，不一定是看他的病。

艾：我知道的是毛主席50年代、60年代没有什么大的身体方面的问题，但是从70年代开始看起来有点儿没有以前那么……所以我以为是从70年代开始才开始请岳大夫。

梁：不是，当他的顾问。

芝生老兄：一九七二新年漱溟即將晉
八十，計算老兄亦近此數，我身體精神
極佳，我看兄健康更有勝耶，祝之！祝之！
回憶五十多年前我們同在北大哲學系，
當時熟友有谷錫予（源瑞）、黃仲良（文弼），
今錫予故去多年，仲良恐怕亦難健在
（大約五六年前看到一面，衰老不堪矣），
難得吾二人還同在北京，更難得的是
過去好多年令人焦[illegible]之國勢，今
乃形勢大、舒展開朗，為始料所不及者，
卻竟在吾二人親歷目睹中完成甚轉變，我
們相去咫尺的兩人豈可不一談耶。如荷
同意，乞回示，約定日期時間地点（除
和團級外）相會。如我一時不得甚便，固
不妨更緩之他日耳。專布敬問
台安
梁漱溟手上
一九七一年除夕
回信寄東城新中街七号樓
一單元一層二户

梁漱溟致冯友兰　1971 年

章太炎、贺麟、金岳霖琐忆

艾：1980 年我问过您，您佩服的中国人有些什么人，您提到章太炎，说您佩服章太炎的学问，不过您当时没有说是亲自跟他有来往呢，还是看他的著作。

梁：我主要是从看著作而佩服他的。见只见过一面。他在上海，有个朋友做介绍，他先跟章老先生说好，说有个人想拜访你，章老先生点头说可以。这个人叫李石岑。

艾：哦，是李石岑。

梁：是李石岑领我去见的。

艾：那差不多是什么时候的事情？

梁：大概就是民国九年、十年。

艾：那个时候您的《东西文化及其哲学》已经出版了。

梁：嗯，已经出版了。

艾：再就是这么一次见面，也没有谈到什么……

梁：我就看到太炎先生头很大，这个地方很大。谈起话来，很兴奋、很高兴，谈话的时候不大注意对方的神情表现，他自己讲他的，不大注意我们向他请教的人。他的学问我是很佩服，他的著作很早就在上海出版了，我记得我很佩服他的一篇论文，题目叫作《俱分进化论》，大意就是说，因为中国人把外国的进化论介绍到国内，认为人类的文明在进展中，就是进化，他说不要看作是片面的进化，不要看作总是往好里去，他说俱分进化论，就是俱备、分别，善也进，恶也进，人也可以说一方面越明白，另一方面越糊涂。俱分进化论，不要以为仿佛单是越来越好，他说不是这样。文章名字叫《俱分进化论》，当时我很佩服这篇文章。

艾：1980 年我是请问过：哲学家，中国的哲学家，现在的当代的哲学家，有没有比较好的，可以代表儒家的思想的？您还是说不出来，您说贺麟，贺麟也不能算是儒家的，不过总比冯友兰好。当时我没有问过您，您是认识贺麟？

梁：认识，又叫贺自昭，好像是留学德国的吧。

艾：是什么时候认识的？

梁：主要是因为他批评过我。

艾：哦，那是 50 年代那个时候的批评吗？

梁：比较早，好像是一种讥笑我的话，说是梁某人，他好像是以圣人自居（笑），这个人好像是自高自大，不好吧，不对。

艾：他是这么写……

梁：对，有这个文章。这是很早的事情，后来隔了很多年，他同一个朋友，姓沈的，叫沈有鼎，沈有鼎是哲学研究所的，他们都住在北京东城哲学研究所的宿舍，住在一起。后来沈有鼎陪着他，他让贺自昭来看过我一次，意思就是表示和好吧，我最好忘记过去，彼此的言论意见不合。沈有鼎陪着他来看我，他跟沈有鼎都是住在一起，他们都是哲学研究所的人。贺自昭，他住在一个楼上，沈有鼎住的是平房，不过住在一个院落里头，来看了我一次。不过可惜这个时候他身体不行了，气力微弱得很，口里说话，口舌动，知道他在说话，可是听不见内容。我就靠近他，靠近也还听不清楚。

艾：您是先认识沈有鼎……

梁：对，先认识沈有鼎。

艾：沈有鼎是怎么认识的呢？

梁：沈有鼎，我记得好像是在公园里碰见的。

艾：哦？是在公共场所碰见的，不是有人介绍的？

梁：对，就是游玩的地方。记不太清了。同沈有鼎我比较熟。

艾：您是常跟他讨论哲学方面的问题吗？

梁：啊，对，他是一个哲学家。哲学家常常有怪脾气。比如我现在谈到的沈有鼎沈先生，个子比贺麟高大、强壮，但他不结婚。好像有个姓刘的女同志，很佩服他，两个人也相好，但是不结婚，到了很晚了，彼此认识二十年了，没有结婚。末后结婚了，到了五十多岁结婚了。这个怪。

艾：沈有鼎先生他有没有什么别的特征啊，特点啊？

梁：也没什么。就是，比如我有一个朋友，姓裴，裴占荣，号叫裴雪峰，他有部著作，这部著作名字叫《周易汉象新证》。他也是一生花了几十年的心思写成了这部书。他把他参考的材料，参考了哪些材料、哪些书，跟他的著作一大包一起，他因为跟刚才提到的那个岳大夫岳美中，他们两个是乡亲，很近的乡亲，他这部著作跟他附带的他根据的资料一大包，就交托给岳大夫，请他替他保存。后来就由岳大夫同我，我们两个人具名，给科学院哲学研究所去信，说我们的朋友有这样一个著作，他人已经故去，我们愿意贡献给国家，贡献给哲学研究所。哲学研究所就回我们信，就由沈有鼎带着一个哲学研究所的秘书，两个人坐车来我家，来取这个著作。首先是他们保存，如果认为有出版价值和需要的时候再说。

艾：说到哲学，1980 年您跟我讲跟胡适之有关系的故事，有一位金岳霖，您的朋友，有一次在北京洛克菲勒所办的医院，（梁：就是协和医院。）董事会开了个会，胡适和金先生都在场，胡适那时候刚刚发表了一篇文章，问金先生，您觉得我那个文章怎么样啊？金先生说很好很好，不过你其实缺了一句话——我是哲学的外行。（笑）您记不记得是胡适的哪一篇文章啊，就是那次故事里的文章是哪一篇……

梁：主要的就是胡适写过一篇《中国哲学史大纲》啊。地点是从前叫协和医院，现在叫首都医院，不是隔一年开一次年会，那个年会主持人好像是他们班的孟禄博士，参加这个会的就有胡适、金岳霖，还有别的人。他们碰在一起，胡适就问金岳霖，说我的议论对不对。所谓他的议论是说什么呢，他说哲学——是胡的意思——哲学是个不成熟的科学、幼稚的科学，一个不好的科学。这是他的意见，哲学就是一个没有成熟、还没有好的科学。他就问金岳霖，金岳霖说很好很好，他就听到称赞他很好，他就很满意了。金岳霖说可是你少说了一句话，什么话？没有说自己是哲学的外行。（笑）这个话呢，胡适没有话讲了。

艾：这个故事是金先生跟您讲的，还是别人跟您讲的？

梁：不记得了，可能不是金先生讲的。

艾：金先生您认识吧？

梁：认识。这个人是很特殊的。从前北京不是有个清华学堂吗，清华学堂都是送去留美的，等于留美的预备学堂。送去留美的时候，本来是指定他学政治学，可是他到美国之后，不喜欢政治学，他喜欢逻辑。他一生不结婚。

艾：那您是怎么认识他的呢？

梁：就是见过面，见过不止一次面。不晓得他眼睛有什么毛病，老戴着一个眼镜遮盖着眼睛。身体没什么病，但是不结婚，独身。中国人独身的很少，中国人都是说“不孝有三，无后为大”。（笑）总要结婚有后代，不结婚的人很少，他不结婚。

艾：下一代的中国人都会是独生的。

梁：对，人口问题。

民主同盟对和平的贡献

艾：您 1980 年说去毛主席那边吃饭的时候，常常是毛主席，有时也有江青，也有林祖涵（林伯渠）。

梁：林老算是秘书长。

艾：那林先生是您解放后才和他有接触的，在毛主席家……

梁：解放前。解放前抗日战争的时候两党合作，两党不打了，共产党的军队被编为八路军，八路军驻武汉有办事处，是代表共产党的，负责人就是董老，董必武。从武汉要去延安，还要经过陕西西安，西安又有一个八路军办事处，那个办事处负责人是林老林祖涵。

艾：所以抗战的时候他是西安八路军办事处的负责人，您去西安，也是先在那边……

梁：先跟他接头。

艾：他是什么时候开始做毛主席的秘书（应为担任中央人民政府委员会的秘书长。——编者注），那是……

梁：他担任秘书长的时候，那是在北京了，1950 年我看见毛主席的时候，他是毛主席的秘书长。

艾：您觉得林先生是怎样的一个人？

梁：林先生很好。

艾：就是他有什么样的特点没有，为什么他和毛主席会……

梁：毛主席很相信他，信任他。

艾：他和毛主席相处得很好，那这是为什么呢？有什么可以分析出来的原因？

梁：那我说不清，大概他们在党内时间很久了，我记得他代表延安，代表共产党跟国民党、跟蒋介石谈，常常就是林老代表。

艾：解放以后（应指抗战胜利。——编者注）为了避免战争，您也奔走了很久，除了您自己，依您看，民主党派之中对和平事业，哪一位是最有贡献的？为了和平的事业，当然结果还是内战了，我的意思是说……

梁：就是民主同盟啊。

艾：是，我就是说民主同盟或者它的前身——民主政团什么的，除了您，当然您不能说自己，除了您自己以外，是谁，为了避免战争这件事情而有最大的贡献？就是请您发表意见。

梁：那个时候民盟就是包含了不同的党派在一起，所以叫民主同盟了。原来叫民主政团同盟，后来因为有个人参加，比如张澜，他是个人，不是政团，不是党派，所以就不用政团同盟了，就叫民主同盟了。这个民主同盟的内容，还是包含了不同的党派。你刚才是问什么？

艾：哦，刚才问的是民主同盟中，哪一位对和平事业有最大的贡献，哪一位是最积极的、最热心的、最……

梁：都差不多。我要说的，是不同党派，比如张君劢这一派，是有他一个组织，后来成为民社党，他这一派是从梁任公这个系统延续下的；再一派就是青年党了，青年党就是一般称为“曾左李余”——曾慕韩、左舜生、李璜，还有什么陈启天、余家菊他们这一派。他们这一派就是青年党。思想偏右一点，被人称为国家主义派。还有什么来着？

艾：有救国会……

梁：哦，救国会就是沈老先生。沈老先生，包括章乃器、邹韬奋、沙千里、史良……当时被称为“七君子”，史良是一个女的，现在还在。现在做民盟的主席。不行了，（艾：身体不好了。）身体不好了，话说不出来，走路不能走路。

艾：您觉得他们对和平的贡献都差不多了，那有没有贡献比较少的，比如张君劢的党，或者张君劢自己。据我了解，是……

梁：……张东荪说什么，主张什么，都是跟着他的走。

艾：哦，张君劢是这样的。我就不晓得，我以为张君劢蛮有自己的主张。

梁：张君劢人是好。

艾：1946年10月份，蒋介石很突然地说要开国家的代表大会，那是10月初就开始说了，说是11月12号要开，那么民主同盟有的人是犹豫不决，有的人是想参加，有的人说你参加了共产党就一定不会参加了，所以我们这个民主同盟就已经算是到了国民党那边去了。主要的是张君劢和他的党内的一些人，就参加了国家的代表大会，叫什么来着，一时想不出这个词儿来，反正您知道是怎么回事。依您看，为什么他决定参加？

梁：改组政府、参加国民党的政府，这个是蒋方所希望于大家的。大家参加他的政府，就等于捧他了。可是这件事情是不合法。我记得那个文件我这里还有。我们民盟，还有民盟以外的，比如《大公报》的那个组织，叫胡霖（胡政之），还有什么人，就说是和谈不要破裂，希望不要破裂。我记不清了，好像蒋介石给了几天的期限，好像是要各党派提名单，参加他的国民代表大会，是三天还是几天的期限。

艾：是，本来他是要11月12号开，到那个时候还有几天，结果是在15号开的，可能是您说的是12号到15号的那几天，临时拖几天。

梁：对，他就是要大家交出名单来。

艾：对，对，就是谁要来参加。实际上民盟的其他党都没有参加了，只有张君劢的一些……

梁：张君劢本人不参加。可是他的党徒、学生，那个人叫什么名字我一时想不起来，叫什么名字啊，我一时口里说不上来。那个人是张君劢的学生，热心做官，就参加了，做了行政院的政务委员，张本人不参加。还有一个人，是两个人，那两个人都参加了。算是一种政府的改组吧。郭沫若就很着急，郭沫若同我们民盟都是站在共产党一边，说是那个不合法，不合当初在重庆的约定，就很怕张君劢这边参加；张君劢就对郭沫若他们说，他本人绝不参加，说我的学生跟着我很久了，现在是个机会，可以做官（笑），所以我管不了，他们要去，只好让他们去吧，他们跟着我受苦很久啦，我现在管不了，我不去就是了。

艾：今天时间就到了，希望今天没有让您太累了。

梁：没有。

毛主席建议我参观、比较新老解放区

梁：……和斯大林见面了，《中苏友好条约》（指《中苏友好同盟互助条约》——整理者）。

艾：所以他们都不在了。您从四川到北京来的时候，路上一共用了多久？

梁：不太久，就是从水路出来到了武汉，到武汉就有人招待我了，就送我坐火车。

艾：那水路、火车一共有没有一个礼拜？

梁：包含停留的时间，包含在武汉停留的时间，也许还不到一个礼拜。可是我到北京的时候他们都不在，毛、周都不在。到了3月，1950年的3月他们才从莫斯科回来，才见面。这个就是一个日记，1950年毛主席、周总理他们回到国内，3月回来的，回来后我就跟他见到了，毛主席就跟我说，你从前在河南、在山东做过乡村工作，你可以去做些参观、访问，这个参观、访问，一方面参观河南、山东，另一方面更要紧的，参观东北。东北解放在前，他们的话叫老解放区；像河南、山东是后来解放的，叫新解放区，你可以去参观东北，老解放区看一看；再看看内地、关内，河南、山东再看一看，比较比较。所以我就前后都去了，去了东北、河南、山东。这个就是1950年4月出去的。这一本，一条一条的日记，就是说1950年起山东参观日记。先去山东参观，一条一条的，都是哪一天哪一天，都是很简单的，哪一天，到了什么地方，看到什么人。

艾：我知道梁老师有这么一本，我不晓得我能不能看几个钟头，明天送回来，我绝对不会把它弄丢了，您放心。

梁：可以。

艾：放在这个信封里，这样就不会……那明天可不可以再来？

梁：可以。

艾：好，那明天早上我再来。同一个时间，也把这个送回给您。这样也有机会把这个慢慢看一下

* * *

艾：很多字我还是看不出来，不过大概……

梁：写得不清楚。

艾：不是，我们外国人虽然印的字可以认得，不过写得草一点，就反正没有中国人看得这么容易了。您好像提到孟先生，孟宪光，还有陈亚三，还有其他的，姓孙的，您说是同学，他的名字我看不出来，还有姓李的，名字有些是看不出来。那您也提到学习小组，就是您去旅行，回到北京，参加了学习小组，又走了，这样的。还有陈亚三，好像他的弟弟叫陈文仲，我研究您的传记的时候访问过他，十年前他已经去世了，那个时候他住在台湾一个叫作嘉义的地方。他说您民国十二年（1923）到他在菏泽县那边的家去住了几个月。

梁：没有那么久。

艾：那是第一次去乡下吗？

梁：对，就是到陈亚三的家乡。

艾：那么您那次去，主要的是什么目的，就是想……

梁：因为跟陈亚三相好，他是北大的学生，到他家主要是休息的意思。大概住了十二天，没有很多。可惜陈亚三都死了很久了。

艾：死了很久了，是50年代还是什么时候……

梁：好像是1965年吧（实为1964年——整理者）。

艾：1965年啊，所以您解放之后差不多还有十五年左右跟他的来往。那他解放后也在北京吗？

梁：住在北京。

艾：您那次旅行去考察山东、四川，是您决定谁要陪您去的呢，还是毛主席或者是别人决定……

梁：我自己决定的，当然我自己。

艾：因为我没有看清楚，孟先生也是跟您一起去，陈先生陈亚三呢，也是跟您一起？

梁：陈亚三没跟着我去。

艾：那还有……

梁：还有黄艮庸，还有一个李渊庭。

艾：那么李渊庭，我不太清楚了，我看的资料没有提到他，没有他的名字，他是……

梁：他的名字叫李澂，号叫李渊庭。

艾：他是您的学生吗？

梁：是学生。

艾：是什么时候的学生啊？

梁：我办高中的时候，曹州高中。他是绥远人。

艾：那他怎么是在山东呢？

梁：因为我办山东高中的时候，不是在山东招生，而是在北京招生。我宣布我办学的宗旨、办法，要紧的一句话就是，我避免、我不做在讲堂上传授知识那样的一个教师，我做教师是要与青年为友，在人生的道路上与青年为友，就是互相帮助，走人生的道路，不光是传授知识。这样子宣布了，虽然地点是在山东办学，招生是在北京，宣布了这样一个宗旨，在北京招生，各省人在北京的都有，所以我招的学生，远的有云南的、四川的，有绥远的、山西的。很多不同省份的人。那么现在在北京的有李渊庭，叫李澂的，绥远人，他现在还活着，他十七岁跟着我入了我那个高中，他现在已经过了七十岁了。

艾：您1950年头一次去参观，那个时候您从四川到北京，还是跟您各地的学生维持联络？

梁：嗯。

艾：真是不容易啊，从四川到北京的时候，也有学生跟您一起来的吗？就是说本来在四川，来北京是跟着您一块儿来的。

梁：都没有。就是我从四川出来，沿途都是受招待的，就是我打电报给毛主席、周总理，他们欢迎我来，嘱咐沿途都招待我，给我方便，送我到北京。所以这个时候我只是通过我的夫人，还有一个小的侄子，我哥哥的一个孩子，一个小孩子，我就对人说这是我的孩子，没有说是侄子。沿途都是受招待，一路送我到北京，我跟我夫人还有这个小的孩子，三个人到北京的。

艾：您到北京之后，怎么晓得您的学生——陈先生、孟先生、李先生都在什么地方呢？您怎么找他们呢？还是他们听说您来就来找您呢？

梁：都有联系啊，有书信联系。

艾：都是跟他们一起去参观的。

梁：刚才我说了，我到北京的时候正好毛主席、周总理都不在，后来他们从莫斯科回来才见到面，见了面才出去各处参观访问，参观访问的时候带着几个学生帮助我，跟着我一道走，那里面有孟宪光，有黄艮庸，有李渊庭，有时候有我大儿子，叫梁培宽，还有我以前的那个夫人，叫陈淑芬。不过不完全是走哪个地方他们都跟着我，有时候少一个两个。

艾：是，有时候好像是这样。那么您从这个参观访问……

举行祭孔典礼而作。

一九八四年二月梁漱溟识

纪念亡友公竹川

公竹川原名公懋淇，山东蒙阴县坦埠村人，青年爱国
在国共两党合作时期曾经参加为鲁省地下党员，嗣值国
民党清党又有托派纷争，即由厌倦而离开了党。一九三
年春考入山东乡村建设研究院，为研究部学生。其时我负
责研究部主任，从此开始了师生关系。他亦即此走上社会改良
道路，成为我的一个忠实信徒。此为他追随我的第一阶段
落，计有七年之久。第二阶段则在日寇入侵华北华

梁漱溟《纪念亡友公竹川》手稿　1984 年

骄兵必败：蒋介石逼人太甚

梁：……不记得了。

艾：无论怎样，那次日本人打了他们那么惨，也不是国民党人的责任吧。

梁：就是遭遇战，不是有意地打。本来那个第三政治大队，它主要不是作为一个抗敌的军队，它叫第三政治大队，它是发动民众搞游击战，扰乱敌人，发动民众抗日。所以他们叫政治大队。

艾：所以他们本来也不是军人。他们是受了什么军事训练吗？

梁：对，受了军事训练。

艾：穿的也是军装、军服？

梁：嗯。

艾：所以那次正好是运气不好，给日本人发现了。第三政治大队的指挥是秦亦文。（梁：对，秦亦文。）那么以后他怎么样了？就是说那次他没死，那他是怎么样了？

梁：最后他去日本了。

艾：他去日本了？就是抗战结束了就到日本去了？

梁：他最后在日本。

艾：他怎么到日本了？这是怎么通知您的呢？怎么和您……

梁：最后他和我比较像是失去联系了，失去联系吧，我就不知道他去日本了。

艾：那是别人讲的……

梁：好像是周绍贤讲的。

艾：您最困难的时候，日本人搜查差点把您抓了。那陪着您的那位公竹川，他以后算是被暗杀的，那后来到底是怎么一回事，怎么发生的，有没有打听清楚啊？

梁：搞不清楚。一方面是搞不清楚；另一方面也可以有一点说明吧，怎么有一点说明呢，就是说他这个人是山东蒙阴县的人，他很早就热心国事，思想左倾。思想左倾呢，国共不是曾经合作过，那个时候他算是国民党的党员。国共合作后来又分裂，后来又闹什么托派分子，托派是托洛茨基，国民党又要“清党”，就是要清除共产党，乱得很。他也无所适从，他是国共合作时候加入的，国共又分裂，又是“清党”，又是怎么样，他有点乱了，乱了就有点想离开那个组织，思想是偏乎左倾的。这个时候我们搞乡村建设，他就参加了我的乡村建设这边来了，他是我那个乡村建设研究院研究部的学生。乡村建设研究院有研究部，有训练部，他是研究部的学生，名字叫公竹川，后来被害，说不清楚是怎样被害，反正是没有头了，头被别人割去，发现他的身体了。来报告的人是随我身边的一个人叫王靖波，来报告我，说是他死了，在一个树林子里躺着，没有头了。谁杀的他呢，说不清楚，因为他的立场也是不定嘛，他又是国了，又是共了，国共又合作了，国共又分裂了，又是什么托洛茨基派，都搞糊涂了。他也莫之所从了，莫之所从，他就一切撇开了，跟我参加乡村建设了。可能原来他的那个组织、那个党派就认为他叛党了，可能是那样子就被杀了。

艾：他是在哪个县被杀的，也是蒙阴县……

梁：还是在蒙阴，要出蒙阴了，他送我，一路走出来要离开蒙阴了，他就跟我告别，说我就不再送老师了。就在跟我告别的时候，还是有月亮的晚上，他跟我说不再送了，就在告别不久，告别的时候他还说很特别的话，他说我有死的恐惧，他说我不明白什么道理，就是我要死，我怕，在月亮底下跟我分手的时候这样说。我说这个怕死的经验我没有，我也说不上来，我说你不要胡思乱想吧。可就在我跟他分手不久后，就发现他被害了，向我报告的人是王靖波，也是跟着我一同走的人，可是他不知道从什么地方，稍微晚一步，我们有几个人，晚一步集中的时候，他来报告的，说公竹川被害了。

* * *

艾：这是您借给我的书，这里面有好多文章本来我是找到了，不过有一些，比如您昨天给我看的最后的那一章，我没有找到。

我 1980 年来的时候，您也几次提到马歇尔，说他本来是好意，是个好人了，都是蒋介石故意地给他为难了，他上了几次庐山。您觉得马歇尔——您也是跟他有好多接触啦，我想多了解您对马歇尔的印象，或者记得的当时的什么事情。

梁：我对马歇尔印象还好，他是一个宗教的忠实信徒，因为他是一个宗教的忠实信徒，他人就很有信用，很可靠，很好的人。

艾：我看了他所写的东西，也是常常提到中间派、第三方，非国非共的，也是特别喜欢，觉得中国的未来应该在他们那批人手里。因为您当时是民盟的负责人，所以他说的这些话也是指的您。您呢，他，好像是彼此谈得来了。

梁：那就很好。

艾：您在这篇文章里，也在别的文章里，也是和我讲话的时候，常常提到蒋介石上庐山，他不是避暑，而是避人，也是常常提到张家口的进攻。

梁：他在张家口那儿，夺取了，蒋方夺取了。

艾：这好像是个中心关节，紧要关头，假如那几次蒋不上庐山，或者那次他不进攻张家口，也许和平还有希望吧。我就是想多了解一下，您现在往后回顾当年的事情，以现在的眼光来看，和平失败的主要原因何在？当然主要的责任人还是蒋介石，不错，但是还有没有别的可以分析出来的一些要紧的，所发生的事情啊，主要的原因？

梁：我说我的看法，蒋介石老逼共产党让步，这件事情你让步就好了；共产党让步了，他说还有一个事情你要让步。他总是这样逼共产党，逼共产党要共产党让步，周恩来没有办法，一而再地，开头让步一点，他又逼了，只好再让步一点，不愿意破裂。最后是一个小问题，我不记得我这上面说没说，关于苏北，就是江苏北部，是淮阴还是什么地方，蒋介石逼共产党让步，好像是一个驻军的问题，跟那个小地方，一个县的政权问题。蒋逼周恩来让步。蒋说我要在这个地方驻军，政权我要掌握。这时候周恩来就说，说他自己，我是小时候生在这里的一个孩子，我现在要让步，要听从你的，把这个很公平的办法取消，我对不起当地的父老；我是这个地方生的孩子，我不能让步。就是这样一个态度，蒋介石就破裂了。所以蒋他以为逼旁人、逼共产党让步，逼了又逼，你让步还要让步。

艾：好像是喜欢占小便宜的……

梁：他的意思，我的比你大啊，我背后有美国，美国支持我啊，不支持你们共产党啊，我的军火，美国可以帮助，东北嘛，要去东北，美方用飞机把我的兵运去。他总觉得共产党可欺，不知道中国有一句老话，是四个字：哀兵必胜。“哀”是悲哀，哀兵必然要胜。就是你压他，压得他心里头愤怒了，你太欺负我了——哀兵必胜，骄兵必败——你骄傲，我有办法，那反而要败了，中国的古书上是这样讲。哀兵必胜，骄兵必败，所以结果嘛，果然是这样。

艾：对。一般研究内战那时候的外国人，他们是比较注重国民党军队士气的问题，就是说士兵的士气的问题。一般来说国民党军队是根本不想打了，一到了战线，常常会很快一个师、两个师就投降了，比较接近您说的，他们的士气是很有问题的。

梁：最后不是叫作淮海战役吗，淮海战役国民党失败了，他们军队很多，可是不行。地方上的老百姓都支持共产党。

艾：还有一些外国学者说，蒋介石最大的错失就是，原来非要东北不可，假如他早点儿把武装最好的精兵撤回，那他还有希望吧。可是他拼命不要，死也不愿意，他的将军、顾问也都劝他，你还是退出来，撤回，他不要。所以我刚才说他喜欢占小便宜，就是因小失大，就是这种情况。

对了，民国二十九年（1940），您去山东考察、视察，您回来写的那篇文章里，有些事情我觉得很奇怪。比如说有个地方描写乡村怎么苦，怎么穷，也是怎么偏僻的，您说长江右岸有些村落的妇女穿的衣服，是像京戏里所穿的服装，也许是从明朝一直到现在就没怎么变的。会有这种事吗？您是经过山区的还是在什么地方……

梁：在山西。妇女穿的那个衣服好像唱戏的样子，中国妇女上身穿衣服，下边穿裙子。唱戏的时候穿的裙子是白的裙子，可是我山西碰到就跟那个唱戏一样，穿的是白的裙子，上身不是白的，下身是白的裙子。我的意思是说，在山西不交通啊，老的习惯不改。

艾：是，我真是觉得是太不可思议了，怎么整个的，不要说民国，连清朝也没有改了。您是经过而看到，有没有跟地方的人讲话，多了解他们的心里的情况，这样我总觉得……

梁：我就是说我看见，我路过。

艾：那您那条路一定是在最偏僻的山区啊。

梁：对。

艾：是在山西省的晋东南？

梁：晋东南。

艾：您从那次考察回到四川的时候，也是不是得向蒋介石报告啊？我的印象是他最感兴趣的问题是八路军是怎么样的，那次跟他见面，您还记得什么吗？

梁：我跟他好像是在成都见面的，他平常好像是在重庆，但是怎么一个机会他到了成都呢，他自己兼四川省政府的主席，好像。四川省政府主席这是一个地方的事情，他是国家中央的一个掌权者，他自己掌大权的人去兼地方的一个官。就因此在成都看见他。看见他我就向他报告在山东游击区的见闻，跟他说，跟他报告。

艾：您向他报告主要是哪一方面的？或者说……

梁：我所见闻的都告诉他了，因为我去的时候，我不知道我说过没有，他送我一万块钱，送我一个密码的电本，他让我可以随时向他报告。

艾：哦，我不晓得这个密码的电本了。您在那边打过电报吗？

梁：大概快回的时候打过电报。

艾：那么您和他见面的时候，他有没有追问您什么事情？

梁：当然他问了，他想了解，我也跟他说了。

艾：他最感兴趣的是哪方面？问的问题最多的……

梁：他想了解那个敌人占领区域的情况，因为敌占区他也派有军队，他派于学忠做苏鲁游击总司令，带两万人去那里。军队派了于学忠去，他的党员还是跟他搞党，他们搞党的人自己有矛盾，自己党派里头也打架。

艾：一个游击队跟另外一个算是国民党的游击队也是……

梁：自己不和，当然跟共产党也不和，跟我们中间的党派也不和。

艾：哦，也不和啊。我不记得您那篇文章提到对你们中间人的也存有敌意，这个我不太记得就是在山东，还是在……

梁：就是在山东，山东有个县叫蒙阴县。蒙阴县的情况很复杂，派系很多，这一派那一派的，就是因为这一派那一派，彼此，当时的话叫摩擦，大家不能够合作抗敌、抗日本。所以我当时看这个情况不好，我就在游击区转了一圈，八九个月我就赶紧回来，回到后方，就是回四川。刚才不是说在成都看见蒋了，我就碰到了我们两党以外的朋友，不是共产党，也不是国民党，像黄炎培啊，晏阳初啊，还有青年党的李璜什么。碰见这些人我就说，我们要合作、要团结，我们非国非共的人要组织起来，非国非共的各方面、小党派，我们组织起来就能代表两党以外广大的社会，站在广大的社会这一面，也希望广大的社会能支持我们，我们代表广大的社会来说话。所以我就发起了“统一建国同志会”，统一起来建国的同志会。大家都赞成，黄炎培啊，李璜啊，把我们的朋友，非国非共的朋友，都拉在一起，成立了“统一建国同志会”。

艾：那您向他们讲了您在山东见到的情况。那是蒙阴县一个地方是这样的，还是差不多每一个地方都有派别的活动啊？

梁：都是这样的。挨近蒙阴县的有一个叫作费县，还有新泰。

艾：都是这样的。因为您那篇文章里，常常很多字是被抠出来的，所以很可能您提到、具体地提到在什么地方看到什么，它们就不是您原来写的印出来，因为我不晓得……

梁：那个抠的是在香港办的《光明报》上被抠的。

艾：是的，我知道，就是说费县、新泰、蒙阴县都有这些现象、这一类事情，国民党又彼此打了，这些事情好像起码在香港的《光明报》那个《我努力的是什么》没有具体地提到，据我所记得的。

梁：香港的那个《我努力的是什么》，那个现在不全了，在报纸上发表了，我把它剪下来保存，现在不全了。

艾：您记得没有啊，我是搜集资料的时候，您的传记资料的时候，也是把整个的，那个是全的，整个地复印了一下，贴在这个页上，也是装订了一本书的样子，外边也是我有意识的，我好像是记得是完整的。

梁：不完整吧。

艾：还是不完整？因为每一篇有编号，一、二、三这样，（梁：对，有编号。）我的那一套好像是没有缺编号的，一到四十几都有。当然您是提到地方上的派别活动了，就是没有具体地提到什么游击队的指挥，当然可能您是提到了，可是香港的《光明报》上不许您登了，把人的名字抠出来了，我不晓得。

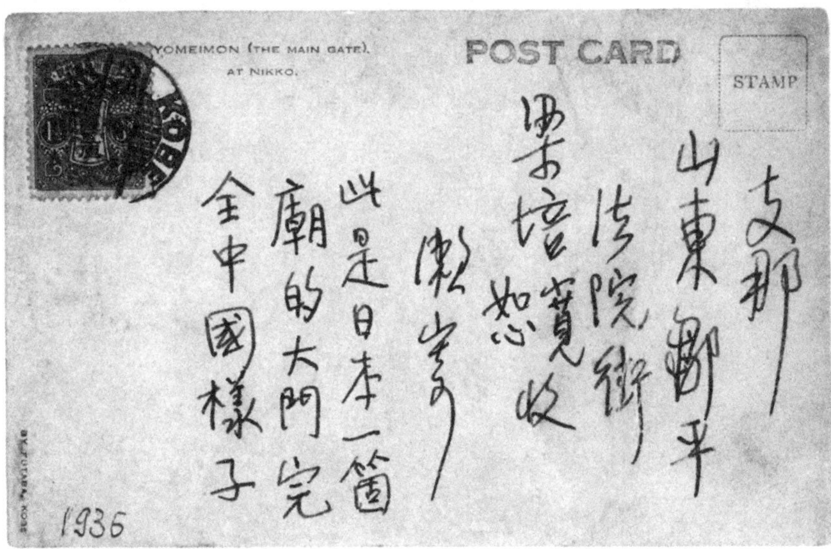

YOMEIMON (THE MAIN GATE).
AT NIKKO.

POST CARD

STAMP

支那
山東鄒平
后院街
梁培寬
恕 收
漱溟

此是日本一箇
廟的大門完
全中國樣子

BY FUTABA, KOBE

1936

梁漱溟寄给梁培宽、梁培恕的明信片　1936 年

访日随感：日本的乡村工作和日本人的宗教观

艾：有另外一个题目跟刚才讲的没关系。您不过有一次算是出国了，到日本去参观。

梁：有过一次，是短期地到日本。

艾：是几个星期的事情吗？那既然是短期地出国了，我记得您有一篇文章，是报告乡村的情况，报告日本的乡下是如何如何的。那有没有留下别的印象？您就是这么一次去国外。

梁：去看了日本后我写了些东西。

艾：对，是写了一篇文章，我以为您是可能有别的印象，有别的感想，不过也不一定是要在文章里发表的，所以现在要问一下了。

梁：当时我看到日本，我再多说一下。我们在山东搞乡村建设，当时有日本人来参观。

艾：哦？有日本人来参观啊？

梁：日本人有两兄弟，叫长野朗、长野鹤，他们来中国参观。

艾：他们本来是什么机构的人啊？

梁：不知道什么机构，说不清楚，他们来注意我们的乡村建设，他们来看我们，我就想去看看他们，这样子，到日本看他们的乡村工作。

艾：他们的乡村工作是政府办的，他们是政府机构里面的人呢，还是他们是私人的身份来办呢……

梁：我看他们的乡村工作，我就说他们的工作做得好，比我们好，怎么样子比我们好呢，他们得到政府公家的帮助。比如他们有银行，有农民银行贷给他们款，他们得到公家或者是国家的帮助。不是工作就好做嘛，但是在我们国内没有这样的帮助。可是一方面好；另一方面我就说，那个帮助他们的力量也就是妨碍他们的力量。我就很自信，中国是国家不统一的，是新旧军阀割据。我的志愿，我们搞乡村运动，发展到全国，我们可以建立一个全国性的、以全国乡村运动为背景的一个政权、一个国家政权，替代了军阀割据。我就想我们的前途，日本人赶不上，日本人他得到了国家的帮助，可是国家也掩盖了他。我就有这样的一个妄想吧。

艾：关于日本的别方面的，比如您去他们那儿，一定是经过什么比较大的城市啊……

梁：首先还是到东京嘛。

艾：就是说您对东京这个城市有什么感想吗，就是说生活方式、生活节奏啊跟中国的不同，那方面的印象有没有……

梁：有啊。

艾：好，那可不可以讲一讲?

梁：那时候正是他们军人正在搞一次变化，是在那个之后。日本不是有一个名人叫犬养毅，本来是个在野的有名的人，可是有一次做了总理，我现在说不太清楚，好像他们有军人暴动的那一次。

艾：对，那个时候发生的，几年前军人一个秘密结社的人谋害了政治界的，也有这种现象。不过我说的也不是政治方面的，是生活方面的，您去过一个不是中国领土的地方只有这么一次，那您对文化的比较，我以为您去日本以后一定会有感想。

梁：感想就是他们比中国发达啊，他们国家是统一的，中国是军阀内战。

艾：所以比中国进步是因为中国没有统一，那没有别的感想吗，关于他们的民族啊，他们的文化跟中国原来的文化，有没有这类的？

梁：过去日本人都是学中国，中国的文字，他们都是学中国的文字。

艾：是，他们的原来固有的文化一大部分都是从中国学来的。

梁：从中国去的。

艾：那么您在日本旅行的时候有没有发生什么比较有意思的事情？

梁：我就觉得两点吧，一点就是我去日本的时候是坐轮船去的，到日本的长崎下船的。一下船岸边就有汽车，出租的汽车，我们下船想游览一下，看一看，长崎不是我们的目的地，但是我们也想参观。码头上有汽车，我们就上了汽车，汽车就领着我们在长崎的各地转了转，那个汽车司机当时也很愿意。我就看到了我没有想到的事情，司机在前头开车，前头不是有玻璃，这个地方悬着一个丝线，悬着一个东西，我就奇怪这是什么东西。因为我们同去有个会说日本话的人，姓朱的，朱经古，我邀了他同去的，他在日本住过十年，日本话说得很好。那个司机就告诉我，这个是他的守护神。我就想这个奇怪，他的守护神，保护他的意思。

他领我们到长崎的山上转，也有大的寺庙，寺庙前头有碑，我看那个碑通体都是中国字，那就说明他们日本人过去都是学中国文化，这个事情我们倒是早知道，他们的人名、地名常常是中国字嘛。那么他领我们到一个庙，庙外面就是一个碑，到外边我们去参观、看，进去还是出来的时候，他可以给我们盖一个印，证明你到过这个地方，拿回去算是个纪念，这都不奇怪。可是我们进了这个庙了，那个司机，汽车司机领着我们参观；走不远，走了一站路之后，到了另外一个庙，这个司机不进去了，为什么不进去，他说他是那个前边那个庙的信徒，这个不是他信的那个，所以他不好进去。我就很注意了，跟中国不同，中国有佛教的庙，还有什么关帝庙，还有什么道教的庙，你可以进这个庙，进那个庙，你可以拜菩萨，也可以拜关帝，可是他不是。中国人的意思就是说，无论是关帝还是菩萨都是要做好人吧，没有什么不同，可是日本人信这个就不信那个了。

艾：比较像西方的。

梁：他这就是宗教的态度，中国人这个态度还是受孔子的影响。好的呢就是都好嘛。

艾：我本来不晓得，我以为日本比较像中国的样子，您刚才说的这个现象，当然西方就是这样的，在宗教上很容易分裂，有派别。

梁：信这个就绝对不能信那个了。

艾：也不但是不能去别的教堂做礼拜了，就是根本不能进去，避免进别的教的教堂。

乡村建设与县政实验

艾：我看您的几篇文章的时候，您在北碚那边办了个学校，那是不是……因为您的两篇文章里是提到一个乡村建设学校。

梁：不是，我办的先叫勉仁中学，后来加了勉仁学院，那是高级学院。勉仁中学就是一个中学，勉仁学院就高一些，深造，讲得深一点的学问。

艾：没有乡学？看到一个名字叫北碚的一个乡村建设学院。

梁：北碚有个地名，叫歇马场，歇马场那个地方，晏阳初办了一个乡村建设学院。

艾：哦，晏阳初也在北碚。

梁：晏阳初本来在河北定县，也就是华北被日本人占了，我们不能不都退到四川去了。他在四川办了一个乡村建设学院。

艾：怎么你们两位都是在北碚，北碚本来不是一个大地方了，是不是乡村派跟北碚的什么人在抗战以前已经有了关系？

梁：就是一个熟人，一个好朋友，叫卢作孚。卢作孚的弟弟，叫卢子英。我们到四川他们都帮忙，卢作孚啊，卢子英啊，比如我在北碚那个地方想搞一个中学，盖房子，盖一个楼，办教室啊，卢子英是北碚实验区的区长，他就帮忙。晏阳初离北碚……我的勉仁中学靠这边，他的在那边，他就办起一个乡村建设学院。晏阳初他有一个方便，就是他在美国募款，美国的资本家都愿意帮助他，他办的乡村建设学院规模很大，有很多教师。先是这个样子，后来就变了，后来国民党失败，共产党就把中国大陆解放了，晏阳初在统一大陆之前到美国去，还是募款，募了款要回来的时候，他到了上海，很为难。他募款的时候美国的资本家对他说你不要跟着共产党走，你要跟着国民党，我们不喜欢共产党，怕共产党。所以晏阳初到了上海看见黄炎培，黄炎培就告诉他，蒋介石失败了，不行了，你还是要留在大陆吧？晏阳初说不行啊，我背后支持我的资本家指定我跟蒋介石走，不要跟共产党走，那我没法，虽然歇马场有我的乡村建设学院，我只能放弃。所以他就去了台湾。台湾倒是比较欢迎他，成立了一个叫作农村复兴委员会，他做农村复兴委员会的委员长做了一年。

艾：他原来在北碚的学校呢？

梁：他放弃了。

艾：他走之后就没有了？

梁：后来有替代他主持学院的人，有一个叫瞿菊农，还有旁的人。只好让新的政权来接收。

艾：那您的勉仁学院也是卢先生帮忙办的吗，也就是说是他资助的吗？

梁：对。他给我们学校方便，款项还另外有些来源，不是完全靠卢先生，他们在帮忙。

艾：那勉仁学院是有点像您后来向毛主席、周总理所建议的中国文化研究所吗？您到北京之后本来不是有个计划，专门做文化比较吗？

梁：对，世界文化、不同文化的比较研究所，或者叫中国文化研究所，内容都差不多，你要讲中国文化也要跟不同的文化比较才好讲清楚。名称要叫世界文化比较研究所，也是从比较中讲中国，但是名称关系不大，内容都差不多。

艾：原来勉仁学院也是那一类的一个学校，一个机构？

梁：不同的一点，就是在北碚我们搞那个学院，没有能够多做比较的工作和研究，就是讲一讲儒家的道理。关于做比较研究，是我心里头有这么一个计划，希望在毛主席的新中国的时候，成立这样一个研究所，可是最后没有成立。

艾：对了，您刚才说的那两个日本人，长野朗、长野鹤兄弟，去参观邹平以前是跟您联络通信了吗？他们怎么晓得邹平有这么一个……

梁：这个实验是外边很晓得的，他们有所耳闻的。听到说咱们就来看，兄弟两个来了一个，不是两个。

艾：所以他是在日本就跟您通信呢，还是到了中国才……

梁：到了中国才联系，并没有先通信。

艾：那别的来参观的人呢？

梁：别的，丹麦也有人来参观，听说我们搞乡村的教育和工作，丹麦有位教育家，也跑到邹平来参观了一次。

艾：他也是在丹麦的什么资料上看到的，就晓得……

梁：是他听说的。

艾：很有意思，那当然有很多国内的人去参观。

梁：对，国内的人有冯玉祥。

艾：冯玉祥也去了？我都不晓得。这是什么时候的事情呢？差不多是哪一年呢？

梁：哪一年我说不清楚了，我记得还有国民政府蒋方的一个军人，蒋作宾，他也去参观。

艾：哦，他也去参观了。

梁：还有很有名的那个陈立夫也去参观。

艾：哦，是吗？陈立夫我只见过一次，在美国纽约那一带。

梁：那是后来。

艾：当然，当然。

梁：在蒋的时候他是很有权的人。

艾：那您还记得，比如冯玉祥去参观的时候，您也在？

梁：我刚好不在。

艾：陈立夫名义上也算是对哲学有研究的，他去的时候您……

梁：他去的时候我还在。

艾：那他去的时候您和他有没有讲什么？当前主要是乡村建设工作了，有没有讲什么哲学方面的？

梁：没有讲哲学，陈立夫他就是他们这个党里很有权的人。

艾：是啊，他不是写了很多书啊，理论啊，什么《新生命》……

梁：有那个，他主要的是搞党务。这个搞党务主要是发展他们国民党的组织，而仇视共产党。他是非常仇视共产党的。

艾：他去的时候您觉得他主要的目的是在想学习一个办法？

梁：不是，在南京，我们不是被邀请、被聘请到南京过？南京有内政部，召开内政会议，内政部长是黄绍竑，是广西人。给黄绍竑实际上出主意的，他的一个得力帮手，叫王先强，这个人很聪明，他就说全国性的内政会议，要把他们搞乡村建设的人请来参加，作为专家来参加。因为本来这个内政会议开会，主要是各省的民政厅长，还有地方的行政专员、指定的某一些专员参加，我们也被邀请参加内政会议，我也去了，梁仲华也去，晏阳初也被请去了，我们搞乡村工作的都被请去参加内政会议。

但在这个内政会议上后来就提出了一个方案，通过了这个方案，这个方案说全国各省可以建立县政实验区。本来我们是叫乡村建设实验区，他们说比这个乡村高一级的是县，可以办县政实验区。在县政实验区，一个县的县政怎么样办，可以采取实验的态度，你们有什么理想、主张，可以去实验，去做。不但做乡村的实验，还做县的实验。通过这样一个方案，我们在山东邹平县、山东菏泽县，大概就是这样，都可以做县政实验。

艾：我记得你们县政方面有个改善，就是把原来分的很多局取消，建立科，科都是在县政府里面。

梁：当时是四个局，叫民、财、教、建——民政局、财政局、教育局、建设局。给我们钱叫我们做试验的，可以按照我们的办法办，我们就把四个局取消，都并入县政府，县政府设科，合署办公，不要这个局在这里办，那个在那里办，局就变成县政府里的科，以县长为主，他们就做科长，在一个县衙门里合署办公。我们曾经有这种改变。

艾：你们这么做差不多过了有一年，中央南京那边也下了命令，要全国都采用那个办法。当然不是每个地方（都）有效的。所以我在书里也是猜、推想，很可能是因为你们那边先搞了，用了这个办法，中央觉得这个有道理，要全国都采用这个新的组织法。不晓得你当时有没有这种了解？

梁：好像没有像全国都……

艾：是有的，命令是一定有的，我看了资料的。不过到底，本来中央政府是有点儿假的中央政府，就算他们下了什么命令也不一定是每个地方都有效的，也许有些地方还是有效的，不过你们在邹平工作的人不晓得你们工作的一种成果。那么陈立夫也在内政会议出现了？就是那个时候您头一次跟他见面，本来我们是讲陈立夫参观邹平这件事，那次内政会议，他也在场吗？

梁：对。

艾：那次您和他头一次见面？

梁：他哥哥叫陈果夫，我记得我那一次到南京受会议的招待，我们住在中央饭店，他们两位陈先生都来中央饭店看我，来拜访。

艾：所以他们也算是佩服、尊敬您。

梁：表示好感，并请我讲演。在什么地方讲演呢，他们有一个学院，叫地政学院。地政学院院长姓肖，叫肖铮。肖铮作为地政学院的院长出面，请我给他们做讲演。我就去了，去了我在台上讲的时候，看见底下坐着听讲的有陈果夫。那么我们就在中央饭店，夜晚休息的时候，陈立夫就派了个人，叫刘博闵，晚饭后来看我，他是代表陈立夫的，接着陈立夫也就到了，来看我们。陈立夫他就希望我们参加国民党，就是做国民党的党员，他说如果你们愿意参加国民党，我们就立刻可以把你们选作国民党中央的中央委员，对我，对梁仲华，对我们那个朋友王怡柯都这么讲的。我们辞谢了，不想加入国民党。这个事情在前，后来，在这个事情之后，陈立夫到山东找我们去参观，去参观还在济南省城，济南，韩复榘做省主席了，请陈立夫，还开了个大的欢迎会，请陈立夫讲演。

艾：那次讲演是什么题目呢？

梁：不记得了，总是讲他们的道理吧。名词嘛，就是讲孙先生的三民主义。

艾：那么他那次去山东邹平有没有再次劝你们入党啊？

梁：因为我们在南京的时候已经拒绝，没有参加了，这时候他就不好再提出来了。不过他们也想了解我们，看看我们最近做了什么事，同时也是拉感情了。

艾：李宗黄也是国民党的，他去参观过吗？

梁：他没有到过这儿。

艾：他好像是已经去世了，云南人。他也写了很多关于地方自治的文章、书，那不晓得是后来到台湾以后才搞的，还是以前。他在台湾有一个叫作地方自治学院的机构，他和他的同事们都是研究地方自治这个问题，我去搜集资料的时候去找过他，我想他是去过邹平。他说："他们那边很好，不过他们用的名词跟我们'中央'的不一样，我劝他们把名词改了，不要用什么'乡学'。"还举了什么例子，反正主要的是说名词统一。

途经四川：主张改良征兵制

梁：……也是我们研究部的学生，本人是云南人，这样的学生，有一个学生叫侯淑仓（音）、还有一个叫万炳林（音），还有一个叫什么名字，我说不上来了。

艾：那么在李宗黄去以前，您就晓得了有云南人在那儿做学生吗？

梁：大概。

艾：说到学生，我搜集研究的时候，有人说（全面）抗战开始以后，也有邹平的乡村建设学院的学生，在山东引入了共产党游击队或者是正规的军队，依您所知道的，有没有？

梁：我们在邹平研究院的时候，有一个人，他表面上不露出来他是共产党，可实际上他是，叫孙洪亮。实际上他是共产党的地下成员。

艾：是（全面）抗战以前已经有了？

梁：因为他不摆出来他是共产党的面目，我们知道一点，知道他是共产党，他不拿这个面目出来我们也不管他。他也要做我们的学生，那也可以做，没有关系。

艾：那他跟别人一样，（全面）抗战爆发以后，他就参加了第三政治大队了？

梁：没有。

艾：那有的学生参加了，有的学生不参加。所以是有的学生留在山东，有的到四川，有的是到延安，是这样的吗？也有人说邹平那边也有地下党。（梁：也有。）他们也没有自己的根据，就是听说有这个事情。

那我们回到抗战那个时候，您参观了游击区，视察游击区，回到四川去，向蒋报告，跟李璜、晏阳初这些人磋商决定成立一个“统一建国同志会”，那以后您好像也对兵役问题、征兵这个问题也是有贡献，也是工作过，提出一些改良的方案，是吧？

梁：我是有这个志愿。

艾：好像没有完全成功，不过您也是……

梁：第一是国民党那个时候，它要抗战、抗日本，所以要招一些壮丁来加以训练，然后让他们组成军队。可是国民党的办法不好，怎么不好呢，它是抓壮丁，乡下人二十多岁是壮丁，要他来当兵，不愿意当兵的话就抓来。抓壮丁，你越是强迫他，越是抓他来，他就越是害怕，不愿意干。不愿意干他就逃跑，逃跑被逮住了就枪毙。它不能够发动民众热心抗日。它拿人不当人待。我去在离重庆 90 里的地方，叫綦江。綦江离重庆不太远，那个地方就有重庆警备司令的一个分司令，兼补充兵训练处处长，补充兵就是补充当兵，那个人姓张，叫张轸，是河南人，跟我是朋友，那个人很好。

綦江离重庆九十里，车停下来，休息一下，坐在车上的人可以下来解小便，司机也可以下来检查一下车，休息几分钟。可是那个站上有稽查站，稽查站的人就在车停下的时候，向车里问。车里坐的人不多，那个座位比较舒适，很好的。他就问，车里有梁参政员吗？我说我就是，他说请你来喝喝水、喝喝茶。我说这车休息一下就要开车了，我不渴，不下来了。他就说一定要下来。我就明白了，明白什么了呢？那个邹韬奋不是有名的吗，他是被国民党特务盯梢，就是他走到哪里，后边有个人老跟着他。可是韬奋不晓得怎么样子，他化装，特务一下没有注意到，邹韬奋就跑掉了，特务他就受责备了。所以我从重庆出来到綦江，他们也不放心，所以叫我下车喝茶。我明白他们的意思，我就说你打电话问重庆，问你们的上级，上级说给我通过，不要留难，那你们就不用留难我；要是上级说不要给我走，因为已经跑了一个邹韬奋了，那我也走不了，我也只好留下了。所以你跟上级通电话。他们很好，就说给上级打电话。不过电话是不能一下子就通的，所以车子不能开。不能开我只好不走，车子不开我怎么走啊。

我手里提着一个小的箱子，里头有我日用的东西，文件什么的。我就提着这个小箱子下来各处看，看见写着有补充兵训练处警备司令什么的，底下的长官名字叫张轸，我就说这是个熟人啊，我下车没地方住，还要找旅馆，有这个熟朋友我就去看他了。因为布告上写着张轸的名字。旁边有十多岁的小孩儿，我就问你们知道张司令在什么地方，小孩儿就说在什么地方；我说你能领我去吗，他说可以呀。我说好，就把手提箱交给他，说你帮我提着，领我去。我就找到张轸了。我跟张轸说刚才车停下来休息，那个稽查站不让我们开车走，张轸说那个地方他们有他们的上级，尽管我是这个地方的警备司令，我也管不了他们，他们不听我的话。他说你来了正好，我们老朋友可以谈谈，他说我这个司令部你可以住，我另外有家，不一定住司令部。我住司令部的那个床铺你来住，我回家去住。我们可以就便谈一谈。谈的时候张轸就诉苦，诉苦就说那个情况，抓壮丁。壮丁谁要跑，抓到了就枪毙，夜里都要睡觉，就怕壮丁要跑，拿绳子都穿起来，这个壮丁那个壮丁都用绳子连起来，很糟糕。

艾：您就是因为那次跟张轸讨论问题，所以以后就对这个问题注意，开始主张改良，是吧？

梁：在那个之前，四川抓壮丁的时候，我就在成都提出这个问题。

艾：哦，就开始主张改良兵役制。为什么您觉得该针对这个问题下功夫，多做工作，多活动？您刚讲的那个故事，好像张轸讲了很多这一类的问题，壮丁睡觉的时候用绳子把他们绑起来什么的，不过您原来是已经开始……

梁：在四川的时候我就想发动群众踊跃来抗战，想做这个事情，在成都、四川省政府开会我就提出来，这个事情本来是个四川地方上的事情，我不是四川人，以地方人为主，我愿意从旁帮助，把征兵的事情搞好。我们开会议的时候我这样发言，四川的老前辈、地方绅士就拥护我，比如有姓尹的、姓邵的，他们都是地方绅士，觉得这个意思好极了，欢迎我帮助四川人搞好这个事情。开会议的时候碰了钉子，省政府有一个党务思想那个室，法治室，法治室一个姓张的叫张云伏，开会的时候他就站起来说话，说关于征兵的事情是我们的事情，你们不是国民党的人，不能管。碰了钉子，本来改善征兵制是抗日战争很要紧的事，我碰了钉子就不能尽力，所以我离开了四川。

离开四川，刚才不是说嘛，在綦江又受了阻拦。后来他们用电话向重庆的上级请示，上级说梁参政员可以走。于是表示对我信任，不像邹韬奋他们认为是反对的，逃走了他们认为是失败。对我表示信任，梁先生走可以走，那么就开车从綦江走了。先走到贵州贵阳，在贵阳我还看到贵州的省主席叫吴鼎昌，还见面。然后在贵阳往广西行。广西有熟朋友了，广西大学的校长姓雷，叫雷沛鸿，我就在广西大学停留两个月，讲演，讲学。就是讲我那个《中国文化要义》，那时还没有出版。然后才离开广西去香港。

光明報

中華民國三十年十月十六日

光明報

KWONG MIN PAO
37 LYNDHURST TERRACE
HONG KONG

本報發行科啓事

本報零售，定價每份二仙。本報徵求基本訂戶，現定於本月十七日截止，距今尚有二天。基本訂戶，每三個月報費只收一元五角，既可節省報費，又可提早送至讀者住所，無零購之煩，一舉兩得，祈逕用電話（三三一六八）通知敝科，直接訂閱爲荷！

社論

中國民主政團同盟的成立

1941 年于香港创刊之《光明报》

香港夹缝中：办《光明报》的曲折经历

艾：您离开四川的时候，国民党已经怀疑您是要去香港办报纸这件事情吗？

梁：不是一定怀疑我办报，他就是又放心又不放心。不放心就是怕我的言论、行动不是顺从他们的，不是顺从蒋方；一方面又觉得我不是共产党，乃至我也跟邹韬奋不一样，不是很左的人。另一方面信任吧，也不是很信任，又不好拦阻我，不好不让我去，所以我有意地在广西大学停留两个月。然后我去香港。

艾：您是坐船去的？

梁：坐飞机。

艾：在香港住的问题已经安排好了？

梁：对。

艾：那是您第一次去香港啦，就是唯一一次？

梁：那次就是为了办《光明报》而去香港。蒋方不能控制我的言论。

艾：听说您住在香港的时候也有一个案子，就是有人到您住的地方搜查，有没有这一类的事情？

梁：是这样，我去香港之前，我离开重庆准备去香港办报，替民盟办一个报纸，我就找周恩来。我说我在香港没有什么朋友，你们在香港总有朋友，我希望你告诉我，同时也通知你们在香港方面的人，我到香港后接头，有些事情请他帮忙。他说好，他说我们在香港主要的负责人是廖承志，是廖仲恺的儿子，他母亲就是何香凝，我们可以通知廖承志，你到香港也可以跟廖承志见面，我说很好，结果一到香港第一个见面的就是廖承志，可没有多谈，廖承志就告诉我，说我们在——就是中共啦——我们在香港有一家报纸，报纸名字叫《华商报》，看上去名字没有什么政治性，其实是我们共产党的报，我叫我们《华商报》的人跟你联系，你有什么困难叫他帮助你。这个人是后来很有名的一个人，叫范长江，有名的记者。

艾：他是《华商报》的人？

梁：对。范长江就跟我联系，找他商量，他可以帮助我。他很欢迎我们，在两大党之外有第三者出来，建立我们第三者的联盟机关，对他们是有帮助的。这是毛主席跟我说的，中间偏左，站在中间，又偏左一点。你加入我们共产党不好，完全站在国民党那边跟我们反对也不好，站在中间偏左一点我们最欢迎。在香港我的立场是这样了。范长江于是帮我忙。我要办报了，取名《光明报》，可是迟迟不能出版。范长江就问我，你不是来办报吗，报纸怎么老出不来呢？我说我钱不够啊，我们知识分子哪里有什么钱呢，虽然我们的朋友，民盟有张君劢，有黄炎培，有左舜生，他们也出了钱，让我带着钱出来的，也还是不够。内地的钱当时叫法币，是国民党发行的，不值钱，跟香港的兑换起来不值钱。不但我们民主党派知识分子钱不够用了，没有交给我多少钱带出来，并且我们当时要办这个报还得到内地军阀的帮忙，比如四川的军阀叫刘文辉，云南的龙云，他们都有钱，他们知道我办报，不是站在蒋方，比较有独立性，他们愿意帮助我钱。

艾：您本来不认识这些人。

梁：有人帮忙啊，有人联系。比如现在在北京的，有一位云南人，叫缪云台，他在云南是替龙云管财政的。所以龙云也出钱，四川的刘文辉也出钱，都帮助我，即使这样子，可是内地的钱，跟香港的钱——他们叫港纸——比起来不行，四块半内地的钱才换一块香港的钱。那我手里没有很多的钱，我不敢出报。他们帮助的钱，我自己带来的钱，就是民主党派交给我带来的钱、军人龙云他们帮助我的钱，加在一起，对于香港的钱来说还是不够。钱不够我就不敢出版，并且出版之前就要花钱了，请法律顾问，香港是英国人的制度，要请法律顾问，请律师，一旦有问题发生的时候，法律顾问就替你说话了。我请法律顾问就得花钱啊。我办报纸，按照香港的法律要先交押金，先交四千港纸的押金，那又是钱。请法律顾问要钱，交押金要钱，还有跟印刷厂订合同，我这个报纸请他印刷，也要先付钱。那么钱不够我就不能出版啊。内地带来的钱不够用，我怎么能出版呢？这个时候中共就着急，盼望我这个中间派出版报纸，出不来，范长江就问我，怎么不能出版呢？我说我带来的钱这儿花一点，那儿花一点，剩下没有多少钱了，怎么出版呢？改天他就来跟我说，新加坡南洋那个地方有华商，他们愿意出钱帮助你，只要你写个收据，就可以把钱交给你。我说那好啊。他说你写收到四千元港纸，写个名字，写这么一个收据，我就可以把4000港纸交给你了。这样我手里又有一点钱了，最后才出版了这个报纸。

艾：范先生怎么知道新加坡南洋的华商一定肯出钱呢？

梁：究竟是谁的钱，不敢说。可能就是共产党的钱。共产党愿意我赶紧出一个报纸，他不说他们的钱了，他说是新加坡啊，马来西亚啊，华商啊，侨领——他们叫侨领，有名的陈嘉庚什么的。说只要你写一个收据，那我就可以把钱给你。我说写收据方便啊，那我就写吧，他就交给我四千港纸，这样我就比较有一点钱了，报纸就出版了。

艾：现在明白了，你们在国内、在四川的时候计算错了，没想到需要那么多钱办报，没想到法币在香港这么不值钱，到了才发现。那时间已经到了，明天我可以再来吗？（梁：可以。）那明天继续讨论在香港的事情好了。

* * *

艾：昨天我们已经讨论到您在香港办报纸的事情，我想也许退后一步，您还在重庆的时候组织了同志会，统一建国同志会，以后又组成了民主政团的大同盟。我所看的资料说主要是因为发生了新四军事件。（梁：对。）资料里也说您常常跟周恩来，跟张群两个人讨论您的计划。

梁：就是接头、接洽。国民党方面同我接洽的是张群，共产党方面是周恩来。

艾：蒋介石是很反对了，哦，应该先问您当时为什么觉得一定要改组您的统一建国同志会？

梁：（翻东西）这个文件里头两篇——《统一建国同志会简章》《中国民主政团同盟成立宣言》，这就是我的笔墨，当时大家推我执笔写。成立宣言，这个都是我写的。

艾：新四军的那件事情，叶挺被逮捕什么的，您才决定改组，把原来的组织再组成新的，虽然可以说是一个组织，但名字也是不同的。

梁：不同是有原因的，你看这个材料就明白了，原来叫民主政团同盟，后来不用“政团”两个字了，就叫民主同盟。为什么？开头组织的时候，是以政团为单位组成的；后来个人参加了，比如一个老人，张澜，他是在他们四川人里最有名的，大家都尊重的一个老人。他没有政团，他就是一个人，我们把他请进来参加了，那就不能再用“政团”了，干脆就说民主同盟。主要就是张澜参加了，不但参加了，我还推举他为头脑。

艾：您去香港办报的这件事情，是在重庆大家都磋商了吗？

梁：对。

艾：为什么派您去呢？大家都讨论得怎么样呢？他们是不是提出什么原因来呢？还是大家公认为最合适的？

梁：就是大家认为我合适。

艾：有没有人反对在香港办报纸？

梁：没有人。

艾：就是看法是完全一致的，每一个人都……

梁：不但没有人反对，并且大家公认是必要的，说我们民盟的主张是对国家的事情的主张、是对国家大局的主张。在重庆不好讲，重庆是在蒋介石的压力之下，他不允许你说你自己要说的话，所以大家商量要我们自己出去，到香港去，香港是外边了，蒋介石的力量不能到了，我们可以办报纸，发表我们的言论主张。所以在国内的时候，只有统一建国同志会，这个同志会是取得蒋的同意成立的，可是民主政团同盟就不是了，不是给他知道、得他许可才成立的。出去到香港，不是他的势力之内了，我们写出来这个宣言。

艾：这个宣言是在重庆大家商量决定的，还是您到了香港才写的？

梁：到了香港才写的。它是一个宣言，还有一个“十大纲领”。十大纲领是没有去香港之前，没有出去之前大家商讨的。成立宣言是我在香港才写的。可是那些话的意思，还是本着大家的意思来写的。

艾：您跟您的同人在重庆的时候没有一条一条地讨论纲领吗？就是说大概他们的看法就是这样的，不是离开以前说一句讨论一句，再说一句再讨论一句？

梁：大致还是大家共同商量的。

这个《中华民国史资料丛稿》增刊第六辑，这个里头有两个是我写的：《中国民主政团同盟发起成立之经过略记》《我参加国共和谈的经过》。这个就是一个记载的材料——中国民主政团同盟怎样发起的、成立的经过，我就把它写出来，略记。这是说在国内的时候；这个就是民盟已经成立了，这个成立是在海外成立的，那么我们就成了两大党之外、之间的一个政治团体组织了，所以国共和谈，他们两党和谈呢，我就代表民盟参加。（翻材料）这个就是当初的文件。

* * *

……宪政运动中的态度和表现，黄炎培在旧政协期间的态度和表现，黄炎培对土改——那时候共产党领导土地改革——抗美援朝的态度，其他有关黄的情况。这是华东师范大学派人来找我，拿这么多题目问我，让我讲我所知道的给他们听。我就把我手里存着的黄本人写的东西，“黄原为民盟之一员，此因当时民盟与中共结合对国民党斗争，他顾虑甚多，而向后退也”。（此为梁漱溟晚年批注信件所加——整理者）这是他写给我的，后来又转衡山——就是沈钧儒——张君劢、章伯钧、张申府、罗隆基（罗努生）他们共鉴。“炎培为考虑如何求得内心平安起见，暂向诸公告假，在告假期内恕不追随诸公奔走，有会，恕不出席。任何文件下款恕不连署炎培名。”这个时候他有点顾虑，向后退。他在两大党之间，他不愿意站在一边，两边都讨好，但是不行啊，两边是矛盾的，讨好很难的。他低声跟我讲，他不敢大声说话，他说三七二八。

艾：我不太懂。

梁：三加七不是十吗，二加八也是十，也就是说，有时候多靠近蒋方，有时候多靠近共产党。

艾：其他的民主同盟的领袖呢，也有是这样的吗？

梁：比较说，张君劢不猾头。他是有他的一个党派组织，不过他有一个短处，虽然有个党派组织，叫民社党，可他统帅不了他的党徒，这个人很老实，他的党徒不大听他的话。后来蒋介石组织新政府，他的学生、党徒，一个姓蒋的，参加了蒋方的新的行政院，就是政府，做了行政院的一个委员。郭沫若当时也是奔走大局的人，跑去找他，找张君劢，他就跟郭沫若说，你放心，我绝不脱离民盟、大家朋友去参加蒋的政府，我本人是这样，但是我的学生我管不了，他们，一个姓蒋，一个姓冯，蒋匀田、冯今白，他们跟着我很苦了，没有享受到什么好处，现在蒋要改组政府，希望我参加，我个人绝不参加。我个人跟梁先生，我们都不参加。可是我的学生，蒋、冯，他们跟着我很苦啊，受穷了，没有拿到好处。现在他们要参加政府，那给他们去吧，我不参加就是了。张君劢作为一个党派的领袖，但是他又不能统帅他的党徒。

艾：昨天我在走以前，谈到您在香港发现办报的钱还不够，所以有人接济，反正无论财源是什么，钱是到手了，反正您就开始了。

梁：就是那个有名的新闻记者叫范长江嘛，范长江来跟我说，你要办《光明报》怎么还不出啊，我说钱不够啊，已经花了不少钱了，请法律顾问啊，给律师钱，为了出版要给港政府交押金，剩下的钱不多了，不足的话我不敢出版，出两天没有钱了怎么行呢？但是他很盼望我们的报纸出版，所以他改天就说南洋的侨领愿意帮你们的忙，有四千块钱，要你写一个收据就可以把钱交给你，我说写收据很容易啊，我就写了收据，收多少钱，某年某月某日谁收的，我梁某人收的钱，这样子他就交给我四千块钱，这样就补足了我的费用。

艾：您在香港三个月才出了报纸，那您三个月多半是在做什么？去找人呢……

梁：刚才说的，交押款，找法律顾问，我一个人不能行啊，找帮我写文章的人，出版报纸得找一个班子，有会写文章的人，有翻译的人，还要有事务人员。

艾：那么9月18号就第一次出版了。10月10号“双十”您就把“纲领”出版了，纲领的十个……

梁：十大纲领，还有宣言。

艾：都是您在香港自己写的。

梁：都是我的笔墨。

艾：不过算是代表在四川那边的大家的意思。过了两天孙科到了香港。

梁：孙科就是孙中山的儿子，不过这个人不是一个好人。

艾：他一到香港就开始批评民盟、批评您，他有没有亲自来找您……

梁：那个时候他是国民党立法院院长。他不找我，但是他算是国民党一个很尊贵有钱的人，他找香港政府，香港不是有英国人的总督吗？他就跟英国人说，说梁某人从内地出来办报，他这个人是“第五纵队”，意思就是说跟敌人、日本人勾结的，最好你们不给他出，希望香港政府不给出报纸。香港政府一查，说孙科你来晚了，他们已经注册立案了，交了押金了，也请了法律顾问了，所以你来晚了，没有办法了。

艾：不过有资料说香港的警察还是到您住的地方去，好像……

梁：查过一次。

艾：那次您在家吗？

梁：你听我说，我们办这个报叫《光明报》，意思是想把我们民主同盟的组织跟主张纲领宣布出来。办报的意思是宣布这个东西。但是香港方面的意思是办报的头一天都要送审，送去给他审查。蒋方派了孙科，孙科是立法院院长，还有刘维炽，是立法院的副院长，先后到了香港，去找港政府。不过他们晚了一点，就是刚才说的，我已经交了押金，请了法律顾问，不能让我不出版的。但是按照我们的出版法律，报纸的内容要在头一天送审，送来我们审查，审查可以给他出版，那么他就可以印出来。如果审查的有些不通过，就是说一篇文章，我们出版《光明报》头一天要有个发刊词，以后还有论文，发表一些言论。他说我可以帮助你们，帮助国民党孙科他们，就是抠，你一篇文章这两句话不好，抠了。也许不是两句话，就两个词，抠两个词，不能用。当时香港，这篇文章在报上登出来，抠的地方就是一个方块，就是空着。他们俗话叫“开天窗”。（笑）可以有一篇文章，这个地方给你抠两个字，那个地方又抠一行字，那就是不成文章了。他就是有意同我们为难。

艾：那别的报纸不是这样？

梁：别的不是这样。香港那时候有《大公报》，旁人就预先告诉我，一个姓刘的年老的人，当时我看上去是年老的，其实不过五十多岁，说香港审查方面，说你给他行贿，他就可以放松一点。我不愿意行贿，人家说你必须行贿。我就给他行贿了，我以为应当少为难我们了。行贿之后他还为难我们，老抠，我就去找他了，姓刘的说，你不能怪我，他说你们这样一个文章，这样一个措辞，这么样一个主张，如果是像香港《大公报》那样子，那没问题，就都发表了，就是因为孙科，还有那个副院长刘维炽跟我们的香港总督说了，香港总督对我有交代了，我不能不抠。

艾：总督自己叫他这样的。

梁：嗯。总督是受了蒋派来的立法院院长孙科和副院长刘维炽先后拜访嘛，所以他说我们没办法，上级指定我要这样子，我只好如此。在这样的情况下，大问题就来了，大问题是什么呢？我的使命，从内地出来到香港的使命，是要把民盟的这件事情揭出来，办报就是为这件事情办报，发表我们民盟的纲领主张。那么怎么办呢，这时候帮助我的、做我的经理的就是萨空了，我是社长，《光明报》的社长，他是我的经理，他有办法。港方的规矩是报纸前边这一面都是商业广告，这个不要审查；审查的是里面，你的言论、主张什么的。所以萨空了搞了个巧妙的办法。他就把这个民盟成立宣言、纲领啊，都登在了商业广告的那一面，那一面是不要送审查的，这样就在报纸上通通揭开了，揭露出来了。

港政府就派了警察、警探，到我们报馆来查，萨空了也就预先做好了那个账，就是有人登广告，付了钱给我们，来登广告的人叫什么名字，住什么地方，这是合法的。所以等到港政府派人来查，我们给他看，我们不负责，有人来登广告嘛，当然收费嘛。那个港政府派来的警探看了我们的账本就没有话讲，根据那个账本就去找了，登广告的人叫什么名字，住什么地方。去找，没有这个地方，也没有这个人，他就没有办法。这样就把民盟的事情解决了。这个很巧妙。

艾：香港那时候也有国民党的一家报纸叫《良心话》，我看了他们在那个报纸上登了很多批评民盟、批评您的文章，可能您当时没有注意到。

梁：不是叫《良心话》吧？

艾：是有这么一个报纸叫《良心话》，有批评民盟、批评您的文章，是有这么一个小报纸。

梁：我记得有个什么叫《良友》的，是不是……

艾：《良心话》。这个是不要紧的。萨空了他写了本书叫《香港沦陷记》一类的题目，也提到一些事情。您去香港以前已经认识他了？

梁：请他做经理。好像还是中共朋友介绍的。

艾：那时（全面）抗战已经开始了……

梁：当然开始了，并且是在新四军的事件之后了。

艾：因为我不晓得，他是跟您一起去香港的，还是先去啊？

梁：后一步。我还要说一件事。他是带着家眷去的，他的夫人，还有两个女儿，萨苦茶、萨苦荼。他的夫人叫什么名字来着，很熟，这个人很能干，好能干啊。那个女人一个眼有点歪，很有才。萨空了到香港带着女人，带着两个女儿，要住，要吃，这个花费大了。我请他做经理，给他的报酬少了不行，少了不够他用。我做《光明报》

的社长，我自己定的工资是一百元。给他定二百元。不但给他定二百元，并且我这个一百元里头还有一半，五十块钱也加给他。

艾：那您过日子没有……

梁：我平常没有什么用途，吃饭很容易，就是他每月是二百五十元，我只拿五十元。但是他很能干，很能办事。

艾：那您这么说他夫人也很能干，她也参加这个工作吗？

梁：她用不着参加工作。

艾：我的意思是说，您不是刚说她非常能干，很有才，那您是怎么知道的？

梁：跟我很熟，我刚才说他有两个女儿，一个叫萨苦荼，一个叫萨苦荼。她那个夫人叫什么名字，一时说不出来。好能干，能说会道，也能写文章，就是一个眼睛有毛病，一个眼睛有点歪。

艾：除了萨空了以外，还有些什么别人在工作？

梁：有一些，我们报馆的总主笔叫俞颂华，俞颂华也是在上海的《申报》老资格的一个新闻记者。还有一个笔名叫羊枣，他实际上是杨潮，报纸上发的文章都是署"羊枣"两个字。还有几个人，有在文字上帮忙的，有做饭的，有做事务的。事务方面是我带去的，是我广东的学生，也是我的侄女婿黄艮庸家里的一个，是他的一个侄子，帮我搞事务的。在香港一般都要说广东话，我说不好，这个人跟随我，给我做翻译，叫阿赞。这个是个年轻的，是我亲戚里头的晚辈。

艾：您住的地方是离办报的地方很近还是……

梁：我住的地方搬了好几次。

艾：哦，搬了好几次。不是在半山区吗？我印象是在半山区。

梁：是。我在那个人家里头住了好久，有个在香港大学做教授的，那个人叫什么（许地山——整理者），他的夫人姓周，叫周俟松。她的父亲叫周大烈。周大烈是国会议员，是属于梁任公这一派的，不是国民党一派的，属于偏右的这一派。周大烈，号叫周印昆，这个周印昆先生，跟我有朋友关系。他的女儿叫周俟松，嫁给这个人，他写文章的笔名叫落华生。他名字叫什么来着。我在他家里住来着。

艾：刚到了香港就住在那边？

梁：不是，我搬了几个地方，最后在他那边。

艾：那为什么搬了几次呢？

梁：是方便不方便的问题了。最后我住就没有住在他那里啦，就住在报社里头，我们出版这个报，有些事务的事情，我们在香港的中环租了房子，租了楼的一层，我在那里住过。刚才说的住在周俟松家里，她男人是做香港大学教授的，叫什么名字来着，笔名是叫落华生。我在他那儿住来着，因为他死了，死的那天我还在他家里住，半夜的时候他说肚子疼，赶紧找医生来看，就不行了。

艾：怎么会肚子疼而死呢，什么病会死人死那么快啊？

梁：有一种病叫绞肠痧。

艾：哦，是是是，绞肠痧。那……

梁：他是夜晚突然喊肚子疼，我是住在他那里，听见他喊叫，就死了，死的时候只有 49 岁，他夫人是周俟松。

艾：我不大懂了，既然周俟松是您朋友的女儿，为什么一到香港不住在他们那边，为什么先住别的地方？

梁：一次是住在他这里了，看着他这个人死了，死的时候是半夜。还有《光明报》也租了房子，办事的那个地方我安一个铺就可以睡。在香港刚刚说到住了两个地方，先后住了三四个地方，不是老住在一个地方。

艾：那是唯一的一次去香港，以后您有没有再去？

梁：以后好像没有再去。

艾：香港和内地的情况也是不同了，您对香港有没有什么感想？那个时候头一次到香港。

梁：好像我住过三四个地方，也是香港大学的一个教授，姓马，叫马键，那个人也很帮我忙。他好像也是在香港大学做中文教授。刚才说的那个死了的不是做中文教授的。说一点不相干的话，好像是香港陷落了之后，我就躲避起来，报纸也停了，《光明报》不能出了。日本人已经占领了香港，我住在香港的一个小学校，小学校也停课了，没有学生。我隐藏在小学校的一个教室里，陪着我的就是阿赞，是黄艮庸的侄子，隐藏在那儿准备逃出香港。这个时候香港的秩序很不好，土匪就出来了。日本拿下香港可是没有维持秩序。我记得我是预备去看马键，刚才说的马先生。走在去看他的路上，我遇到一个叫陆荣光的人。是青年党，是曾琦、李璜、左舜生他们那个党的。这个时候聘作我们《光明报》的一个副的经理，我很不愿意聘他，因为聘他没有用，我们内部的人已经够用了，什么事都有人干了，用不着加一个人。可是青年党的曾琦就一定要加一个人在里边，没办法我就接受了，这个人叫陆荣光。我去访问马键碰见陆荣光，就跟他说话，正跟他说话，从后边的楼里出来一个人。这个人用白布蒙着脸下部，眼睛露出来，手里拿着一个短的刀，指着我，意思就是把钱拿出来。我没办法，只好拿钱给他，可是这个时候陆荣光也在旁边，我正在跟陆荣光说话的时候，土匪跑出来了，我准备拿钱给土匪，土匪要看我，要收钱，陆荣光趁这个机会他就跑。刚好来了一个警察的车，一个大卡车。

艾：警察的车就开到您那边去了。

梁：嗯，从上边开下来了。陆荣光就喊："Robber！ Robber！"车就开下来了，陆荣光就跑了，那个蒙面的强盗，正在我要把钱递给他的时候，他看到警车来了，他也跑了，所以我没损失。有这么一幕。

艾：这个时期香港的秩序那么不好啊。

梁：香港没有主人嘛，英国跑了，新的日本派来的一个将领叫矶谷廉介，做香港总督，就是那个时候，日本人接收了。

艾：这些都是香港岛发生的，不是在九龙那边……

梁：都是在香港岛，不是九龙。报社是在香港中环。

艾：因为这次来北京，经过香港几天，我记得那个地方叫 Central，是最发达的地方，寸土寸金。

梁：英国的统治不行了，被日本占了，日本的统治不大好，不能够维持秩序。

黄原为民盟之一员，此因当时民盟与中共结合对国民党斗争，他顾虑甚多而向盟退出。

梁漱溟印

漱溟先生并转

衡山君劢伯钧申府努生先生公鉴：

炎培为顾虑如何得内心平安起见，暂向诸公告假，在告假期内恕不追随诸公奔走，有会恕不出席，任何文件下款恕不连署炎培名。

黄炎培敬启

附笺敬陈数事 卅五、七、一、南京倚装写

黄炎培致梁漱溟、沈钧儒、张君劢等人 1946年

从香港到桂林：战时杂忆

艾：您为什么一听说日本人来了，不立刻走啊？那时候是圣诞节吧，日本人先打了九龙那边，以后到香港岛。

梁：我有一个难处啊，我听广东话可以听个十之八九，说不会说，所以必须有旁人帮忙，我才好行动，不然我简直没法行动。

艾：您是跟阿赞在一起的。是阿赞晓得有这个学校的，是带您过去的，是吧，是他选择这个地方了。您不是说躲在一个学校？

梁：对，一个关了门的没有人的学校的教室，在那儿隐藏着。

艾：在学校隐藏了多久啊？

梁：没有几天，后来就化装，像个香港商人的样子。是商人的衣服。

艾：商人的衣服跟别人有什么不同啊？

梁：那是不同的。香港的中国商人，不是很高级的商人，不是很有钱的大老板。穿上他们的服装，赶紧就想脱离香港。帮助我出香港的，我自己行动很难，就是刚才我说的范长江。范长江的夫人叫沈谱，是沈钧儒的女儿。他们夫妇两个找到我，先找到萨空了，知道我隐藏的地方，跟我说现在有机会逃出香港，你要不要走，我说当然走了。他说有一种木制的小船，有个帆，小帆船，要黑夜间开往澳门。我们要离开香港，躲开日本人的时候，我们就采取这个办法。我说好啊，那我同你们一道走吧。除了范长江夫妇两人，还有一个我们广西人叫陈此生，这个人非常好。这样我可以坐小船夜间从香港出去到澳门，每个人六十港币。

我们就换了一种装束，像低级商人的样子，就黑夜间到一个地方上那个小船，那个小船是靠一个帆，我们开往澳门那边，就一同到了澳门。到澳门之后还要想法子回内地，那时候澳门也被日本人占了。从澳门如果不走海路，走陆地也能走，可是日本人已经占了澳门，这个地方有稽查，就怕稽查到我们就不好了。范长江他们还是共产党，他们的办法多一些，澳门也有他们的党员。他找一下——实际上是海盗，海盗的头子姓吴，一般称他为吴发仔。吴发仔是个强大的头儿，他的部下都管他叫发叔。范长江他们的方法多，辗转地就可以跟吴发仔联系，吴发仔他有船，船上有货物，什么货物呢，是棉纱。把棉纱运进内地，好像可以赚钱。就是经过介绍，让我还有别的朋友，像范长江夫妇、陈此生，让我们仰卧睡在棉纱包上。

艾：这个海盗的头儿吴发仔，他是经常在澳门呢，还是在别的小岛呢？

梁：对，海边儿有些小岛。

艾：澳门的地下党还是跟他有来往了，还是知道怎么跟他联络了。不过您到了澳门也许是天快亮了，你们不是晚上坐的船？到了澳门你们是怎么办啦？

梁：到了澳门就平安了。我们同行的范长江他们有共产党的人在澳门。

艾：他们是出来接你们还是怎么样了？

梁：有人就来帮忙了。

艾：我的意思是您也许一夜没有睡好，没有吃东西，一定很累、很饿。还是共产党的地下党出来照顾。我的意思是说，刚到，他们无法立刻跟吴发仔联络，跟他联络以前您……

梁：反正我一切都是依靠范长江，依靠我那个广西的同乡叫陈此生。陈此生是广西人，他能够说广东话，说广东话就占便宜了，我不会说广东话，人家一跟我说广东话，发现我这样一个人呢，就追究你是什么人，所以陈此生他帮我忙，人家问什么话，他出头说话。

艾：那到了澳门跟海盗联络了，海盗来接你们还是怎样呢？

梁：他也有船，有一包一包的棉纱，他让我睡在棉纱上。

艾：假如是个海盗的话，他也不能明目张胆的，他……

梁：都是夜里头。

艾：那是同一天的晚上呢，就是您到的那天晚上呢，还是您先在澳门几天？

梁：也不是很多天，也不是马上就行了。还是靠范长江，他们共产党联系好了。

艾：那在澳门住什么地方呢？

梁：那就不要紧了，都是小事情。那我就说不上来是什么地方了，在那个地方我们还请吴发仔吃饭，他给我们方便，他们有船从澳门开往都斛，都斛是个口，是个海口，在那儿可以登陆，最后在都斛这个地方登陆的。都斛这个地方属于中山县，从前叫香山的。因为孙中山是那儿的人，改名叫中山了。

艾：到那儿一路上没有问题？没发生什么事情吗，很顺利？

梁：没发生什么事情，刚好在都斛登陆的那个地方，有警察、派出所，他要我们上岸。可是这个小船靠不了岸，水很浅，要涉水才能走上去。我就很大胆，我说我不上岸了，我跟同行的陈此生说我不上岸了，我说你们上岸，我这儿有名片，你把我的名片带去。你们上岸了有警察、有派出所，给他们看。警察看了名片说，我们的校长来啦。（笑）他那儿的人，是我在广东有个第一中学的学生。他特别找了人抬轿子，我坐一个轿，长江的夫人叫沈谱，她是个女人，两个轿子抬我们走。别人有骑自行车的，自行车的后边可以带一个人，他们坐那个，就到了县城，回到了内地。

艾：香山县城还没有日本人吗？

梁：没有。

艾：到了县城以后就方便了。那您怎么回到桂林去的呢？

梁：主要就是靠刚才那个朋友，陈此生。陈此生他那个县叫桂平县。靠陈此生一同到了他的岳丈家里头，在那儿休息之后再走。

艾：再走是坐船呢，还是……

梁：好像是坐船的，坐小船的。我现在脑筋记不清楚，文字上都有记载。

艾：我没有看过，可能我搜集资料的时候，您可以给我看吗？

梁：题目叫《香港脱险》。

艾：我是听说这个文章，我就没有找到。

梁：叫《香港脱险——寄宽、恕两儿》，就是培宽、培恕，脱险后我给他们……

艾：别的资料里是提到了，可是我找不到。在桂林的报纸也登了吧？我能看看这个东西吗？

梁：可以，在箱子里，要找。

艾：好，您要是方便的话我很愿意看。所以您是到了桂林。

梁：后来就住在桂林了。

艾：还是跟桂林大学有关系吗？

梁：不是，我们在桂林的时候住在八桂厅，八桂厅是个地点，那边有个机构，广西省政府设的机关，叫广西建设委员会。建设委员会的组织人姓陈，叫陈什么。不是广西人，是江西人。就是他招待我们，就住在那个地方。这个时候常一起见面的有李重毅（李任仁），最多是跟他见面，其次李任潮（李济深）也在桂林，也是熟人，也见面，不过见得少一点。

艾：他住的地方太远了，还是……

梁：他的地位不同了，李济深算是代表蒋做驻桂林办公厅的主任。他们不是称蒋为蒋委员长吗，是军事委员会的委员长。军事委员会在各地有办公厅，李济深就是驻桂林军事办公厅的主任。常常见面的有李重毅，跟江西人陈什么。他住家就住在八桂厅。

艾：您到了那边，孩子们是已经到桂林了，还是在什么地方？

梁：这个时候好像他们没有在桂林。

艾：那个时候您是一个人，您怎么过日子？

梁：这个时候帮助我的主要是那个广西人陈此生。广西人、桂林人不管跟我相熟不相熟，都知道我了，知道我一方面我很有名望，另一方面知道我是从香港脱险出来了，所以大家都表示帮忙。

艾：所以刚回到桂林那段日子……

梁：我已经住了三年了。

艾：那三年您主要的是（做）什么，是写东西？写《中国文化要义》？这时候主要的活动是……

梁：也写稿子了，主要的还是跟各方面接洽、谈话。

艾：也常常到重庆？

梁：不能到重庆，就是在桂林不动。

艾：那您这样子怎样跟别人有来往啊，您不能到什么地方去，您就是在桂林不动啊？

梁：就是刚才说的陈此生，还有在八桂厅，那个江西人……

* * *

艾：文化供应社。

梁：文化供应社。就在这个时候他们让我写个东西，我就写了《我的自学小史》。

艾：哦，就是那个时候。

梁：因为那时候有个刊物叫《自学》。这个刊物向我征文，我说好，就写了《我的自学小史》。

艾：我看的那本书是1947年还是1948年在上海出版的，不晓得最早的是……

梁：是在桂林写的，很多小题目，一共是十个题目，在桂林写的没有写完，十个题目不知道是差两个还是差几个，后来又补充写完。什么时候算写完呢？写到二十九岁我结婚，算写完，算结束，这个是后来补充写的，在桂林没有写那么长，没有写那么多。题目开出来了，可是没有，有两个还是几个题目，有题目而没有写，后来才写，才写完。写到什么时候呢，写到我二十九岁结婚，那是后来的事儿了。

艾：那除了那本书之外，您也写了《中国文化要义》的一部分，在桂林的时候。那时候蔡元培先生去世了，您好像也发表了一篇文章纪念蔡先生。（梁：纪念蔡先生。）那您住的地方是不是比较偏僻的，不是在桂林市里面？

梁：在桂林也不是始终住一个地方，也是搬来搬去，住过三四个地方。

艾：为什么搬家呢？

梁：那时候桂林有个我们广西的朋友叫雷沛鸿，号叫雷宾南先生，做过广西的教育厅长，也做过广西大学的校长，他跟我很好。他同时有个教育研究所，我记得我住在教育研究所楼上有一段时间。那个时候算是在桂林的东郊，我是常常到一个朋友家，叫董渭川，他夫人叫孔文振，常常到家里吃饭。

艾：是那个时候才认识的朋友，还是……

梁：我们很早就是朋友。他夫人叫孔文振，她是孔子家的，孔文振现在还在，董渭川过世了。

艾：那您是什么时候认识的他呢？在北京的时候？

梁：山东。

艾：他也是搞乡村建设的？

梁：他不是搞乡村建设的，跟乡村建设很接近吧。他是搞民众教育，是民众教育馆的馆长。他的名字叫董淮，号叫渭川，故去了，跟我是很好的朋友。

艾：那一般您常到他家吃饭了，是讨论政治的问题，还是……

梁：就是一般的朋友相好了。

艾：他也不一定跟民盟有关系的，董先生？（梁：没有。）就是一般朋友聊天了。

梁：我吃素嘛，他给我，给我预备，这是一段。后来我又住在那个，还是在桂林，住在一个地方叫穿山。穿山有一个国学专修学校。国学就是中国的旧学问的意思。国学专修学校就是一位姓唐的老先生开办的，唐老先生做校长。后来唐离开了，有代理的校长。代理的校长姓冯，叫冯振。冯先生后来做了国专的校长，他欢迎我住在他的学校，给我一个小房间。冯先生有家了，每天由他的家里做好素菜素饭，送到我的房间给我吃。让我讲演，大概就是讲《中国文化要义》。讲的时候冯先生和旁的教员还有学生，听我讲。住在他那儿很长的时间。地点叫穿山。

艾：除了这几个人——陈此生、董先生、冯校长，有没有别的在桂林来往的朋友？就是说本来民主同盟的那几个人，有没有去桂林看您？

梁：有。但是那时候因为香港陷落，很多在香港的文人学者也都不能在香港，都回内地，多半都集中在桂林。不是有个田汉，那个欧阳什么（应为欧阳予倩——整理者），也是当时有名的文人，能够唱戏的，文艺界很有名的。

艾：住在桂林的，您说本来一大部分在香港，因为日本人占领香港……

梁：都撤退到桂林了。

艾：那有没有别的，像您本来在重庆的，因为蒋方的关系就离开重庆到桂林了，有没有那类的文人或者知识分子？

梁：我记不清，反正也有了，日本占领香港，从香港撤退要回到内地，有千家驹，刚才说的田汉，叫欧阳什么的，很有名。他能够做剧本，也能够唱京戏。

艾：我今天打扰您比较久了。

* * *

梁：余家菊跟左舜生他们是一党的，章伯钧、陈启天、罗隆基，很多人不在了，他还在。缪老先生还在。李璜也在，他是在台湾的，他是青年党的，在台湾。

艾：陈启天我是见过了。

梁：陈启天是跟他一党的，跟李璜一党的。

艾：搜集资料的时候我就拜访了陈启天，其他人都在中国大陆，我不能来。

梁：他们都是属于青年党。

艾：这里没有日期，头一次见面是在交通银行见面的？

梁：交通银行楼上。此纸为当时个人亲笔签名，因迭次聚会均在交通银行，交通银行楼上，故借用交通银行笺纸。签名就是本人自己签名。这是黄炎培的笔迹。

艾：这几张就是放在这本书里面的。

梁：这是他们来调查黄的事情，他们来开的题目，黄炎培怎么样，黄炎培怎么样。

艾：所以常常有人来这样的……

梁：这也是过去很多年的事情，他们知道很多人都不在了，只有我在，所以他们来找我调查。

艾：我知道很多事情都是只有您知道。那么这本书、这些资料我可以借回去看一下吗？

梁：可以，夹在里头。

艾：明天可以再来吗？

梁：可以。

* * *

艾：这个我没有看完，不过我看了您写的几篇文章。这很清楚，您写得很有系统。昨天讲到您从香港回到桂林，到了桂林是谁帮您的忙，找住的地方。您写的这篇文章里也提到在广西配合李任潮、李任仁几位，搞现实政治。那就是说您住在桂林的时候。那现实政治是指什么活动？

梁：那主要是指反蒋。反对蒋介石跟美国联系。我不记得谈没谈过，美国驻桂林的领事。

艾：您有一次提到他的名字，没有说别的。1980年的时候您提到。

梁：他的中文名字叫林华德（Arthur R.Ringwalt——整理者），比较偏左一点。那个时候美国总统是杜鲁门，派到中国来的是马歇尔元帅，还有史迪威将军，好像是美国派来给蒋介石做参谋长。史迪威将军好像不喜欢蒋介石。蒋介石很固执，很顽固。蒋介石敌视共产党，排斥共产党。可是史迪威将军，还有刚才说的林华德，在他们看来好像共产党还真能抗日，是进步的势力，比较喜欢他们。那时候共产党还在陕北延安。好像还派了两个美国人驻在延安，好像是一种联络参谋。两个联络员、负责人。后来蒋跟史迪威感情不好，不愉快，好像蒋要求美国总统撤换史迪威。

艾：是有这个事情，那还是罗斯福做总统的时候，还没到杜鲁门的任期。（罗斯福）那是民国三十四年（1945）4月份去世的。他（史迪威）是1944年——民国三十三年被撤回，他们一直发生着冲突，主要是史迪威一直想打日本，蒋介石觉得打得越少越好，这样子可以保护他原来的实力，不要消耗。

梁：大概是这样。

艾：桂林那个时候有不少的美国人吧，也有空军的人吗？不是美军的一个基地在桂林吗？

……

（以上各章访谈于1984年）

邹平“朝话”

艾：关于“朝话”，您能不能具体一点讲它是怎么回事，比如它是在什么地方举行的。

梁：先要明白这个院——乡村建设研究院——它是分三个部分，“朝话”，早晨起来的讲话，说的是研究部。

艾：哦，是研究部。

梁：因为我是研究部的主任，训练部另外有一个主任，叫陈亚三，已经故去了。训练部的学生和研究部的学生不一样，程度不同，研究部的学生程度高，大学或者专门学校，和有老学问根底的才能入研究部，他要做研究工作。训练部完全的名称是叫作乡村服务人员训练部，是训练这些人去到乡村服务的，这种学生年纪不能太小，因为他要到乡村去服务，去工作，程度也不需要太高，学识不需要太高，他受一年的训练之后，就被分配到乡下去了。分配到各县，不单是邹平，分配到各县的乡村去服务，去帮助农民。这部分另外有个人担任主任，不归我管。还有第三部分就是乡村建设实验区，以邹平县的农民群众为对象做工作，所以实验区的主任就是邹平县的县长，他是一个行政官，属于研究院，研究院管着他，县长由我们研究院提名，提名给省政府，省政府委任他做邹平县县长，领导实验区。这三部分合起来是研究院。实验区有县长，我们提名，省政府加委，也有短期我自己兼任县长的，一时没有合适的人，我自己兼任，像两个月。

艾：您去兼任县长有没有特别的原因？

梁：就是缺人，县长刚好被调走了，没有人，我就临时自己兼这个县长，县政府给我分五个科。

艾：这种分法是您自己想出来的吗？

梁：一般的情况来讲，邹平县以外的县政府分四个局，民、财、教、建四个局。

艾：邹平县分五个科，其他的地方分四个局。

梁：对。什么叫民、财、教、建呢？民政局，财政局，教育局，建设局。我就把它改了，不分这四个局，四个局都取消，都统一在县政府内叫合署办公，把这四个局都搁在县政府里边，和县长一起都在一个大厅里头合署办公，把局改成科，局不要了，还加一个科，叫总务科。这五个科，连县长一共六个人，天天在一个大厅里头办公，比分开四个局办事灵便，好办。我点明一句话，跟山东其他各县不同，我们自己认为这样办好，我们报告省政府，省政府同意了，你要这样办就这样办，因为你是实验性。

艾：您的目的就是要提高效率，有没有别的目的？

梁：提高效率就是最要紧的事情。

艾：我们原来讲“朝话”，就是每天早晨的讲话，您因为是研究部的主任……

梁：我的“朝话”是给研究部的学生讲的。

艾：那其他两部的学生？

梁：他们有自己的主任。

艾：您说研究部是在东门外的一个庙。

梁：一个小庙，呵呵。

艾：就是在庙里讲“朝话”，是吧？

梁：利用这个小庙。

艾：在庙里边，老师、学生都来……

梁：在院子里站着。

艾：哦，在院子里站着。那是不是让他们先默然地……

梁：也没有多少人，研究部只有几十个人，这叫朝会，朝是早晨，朝会上的讲话就叫“朝话”。

艾：那有没有别的活动呢，人一到就开始讲话了，是吗？

梁：时间一到，人就到齐了。时间很早。讲话的内容随便，想到什么就讲什么，也不长，不多，学生多半都有记录，不一定都是当下边听边记录，因为大家都是站着的，会后回去他们自己记录。记录得详略不一，有人记得详细，有人记得简略，这个人记了这一句话，那个人就没记。天天讲一次，积累起来也很多，后来印出来的《朝话》是经过加工的，是我的一个朋友，他把同学记的东西拿来看，哪个不要，哪个要，进行选择。

艾：您进行“朝话”的主要目的、动机是什么？每天早晨让学生集聚听讲演的目的……

梁：早晨大家刚刚起来，精神好，聚会一下，见面说两句话，随便说。

艾：您在广东的中学，或者更早，在山东的第六中学也有“朝话”吗？

梁：没有。讲过一次话，第六中学是我的一个朋友创办的，他请我到第六中学去临时参观，有一棵大槐树，在大槐树底下有一片空地，槐坛讲演。

艾：您送给我的这本书里有一件事情是关于邹平师范学校的，当时有一位张宗麟做校长。1935年，也就是民国二十四年，发生了12月9号的学潮，向国民党政府抗议，要抗日，按照这本书的一篇文章，好像有几个学生都罢课了，结果好像有两位亲戚互相发生冲突的样子，有一位刘莲英（音）和她的侄子刘建庵（音），好像因为刘建庵（音）的这种行为，他的一位亲戚刘莲英（音），好像是什么地方的理事，就把他的侄子刘建庵（音）关起来了。

梁：完全记不得这件事情了，校长张宗麟，张宗麟是陶先生的学生。陶行知他不是有个晓庄师范，晓庄师范的教育很特殊。怎么特殊呢？第一，它在乡村里办。第二，它的口号叫作“教学做”合一，先生教，学生学，还要加上一个做，教学做合一，不是空着讲，要行动。学校没有用工人，事情都是先生、学生大家一起做，并且还和学校附近的农民合作，它不是关门办学，它跟社会、跟农民合作。校舍不够，学生就散在农村里住，住在农民家里，它的这个做法都是陶先生自己独创的，希望跟社会打成一片。

艾：邹平师范学校也是用这个办法。

梁：刚才提到的张宗麟是陶先生的学生。我去参观陶先生的那个学校，那个地名叫晓庄，晓庄那种教育我很高兴、很喜欢，我就跟陶先生商量请他帮助我，请他推荐一个人，帮我到邹平办学，他就推荐了张宗麟。他先后推荐了三个人，张宗麟是一个，还有一个叫杨效春，还有一个叫潘一尘。底下要点一下张宗麟，他思想挺左，这三个人不一样，那个杨效春偏右。所以偏左、偏右跟当时中国的政治潮流、派系有关系。

艾：是，我明白。

梁：呵呵，张宗麟偏左，属于共产党，杨效春偏右，属于国家主义派，又叫中国青年党。呵呵，各人有各人不同的思想倾向。先后我从陶先生那里请了三个人来邹平帮忙，当时我的意思是对偏左的不喜欢，所以学生倒是很喜欢这个张校长，学生的思想也挺左，但是我不想用他，学生又拥护他，所以闹学潮，时间不长，就过去了。

艾：您记不记得是哪一年发生风潮的？

梁：哪一年记不清，举不出来。是我在邹平研究院的后半期，我在邹平总体来说是七个整年，是后半期。

艾：那师范学校有没有共产党，学生、老师中有没有党员？

梁：没有公开的。

艾：意思是有地下的？

梁：举个例子说，有个学生叫孙洪亮，他是中共的，在我那里做学生，他不公开，不公开说他是共产党，我也算是知道，但是我也不说破。

……

（本章访谈于 1986 年）